湘西苗族
民间传统文化丛书
【第二辑】

古阴歌

石寿贵◎编

中南大学出版社
WWW.CSUPRESS.COM.CN

出版说明

罗康隆

　　少数民族文化是中华民族宝贵的文化遗产，是中华文化的重要组成部分，是各民族在几千年历史发展进程中创造的重要文明成果，具有丰富的内涵。搜集、整理、出版少数民族文化丛书，不仅可以为学术研究提供真实可靠的文献资料，同时对继承和发扬各民族的优秀传统文化，振奋民族精神，增强民族团结，促进各民族的发展繁荣，意义深远。随着全球化趋势的加强和现代化进程的加快，我国的文化生态发生了巨大变化，非物质文化遗产受到越来越大的冲击。一些文化遗产正在不断消失，许多传统技艺濒临消亡，大量有历史、文化价值的珍贵实物与资料遭到毁弃或流失境外。加强我国非物质文化遗产的保护已经刻不容缓。

　　苗族是中华民族大家庭中较古老的民族之一，是一个历史悠久且文化内涵独特的民族，也是一个久经磨难的民族。纵观其发展历史，是一个不断迁徙与适应新环境的历史发展过程，也是一个不断改变旧生活环境、适应新生活环境的发展历程。迁徙与适应是苗族命运的历史发展主线，也是造就苗族独特传统文化与坚韧民族精神的起源。由于苗族没有自己独立的文字，其千百年来的历史和精神都是通过苗族文化得以代代相传的。苗族传统文化在发展的过程中经历的巨大的历史社会变迁，在一定程度上影响了苗族传统文化原生态保存，这也就使对苗族传统文化的抢救成了一个迫切问题。在实际情况中，其文化特色也是十分丰富生动的。一方面，苗族人民的口头文学是极其发达的，比如内容繁多的传说与民族古歌，是苗族人民世世代代的生存、奋斗、探索的总结，更是苗族人民生活的百科全书。苗族的大量民间传说也是苗族民间文学的重要组成部分，它所蕴含的理论价值体系是深深植入苗族社会的生产、生活中的。另一方面，苗族文化中的象形符号文化也是极其发达的，这些符号成功地传递了苗族文化的信息，从而形成了苗族文化体系的又一特点。苗族人民的生活实践也是苗族传统文化产生的又一来源，形成了一整套的文化生成与执行系统，使苗族人民的文化认同感和族群意识凸显。传统文化存在的意义是一种文化多元性与文化生态多样性的有机结合，对苗族文化的保护，首先就要涉及对苗族民间传统文化的保护。

《湘西苗族民间传统文化丛书》立足苗族东部方言区，从该方言区苗族民间传统文化的原生性出发，聚焦该方言区苗族的独特文化符号，忠实地记录了该方言区苗族的文化事实，着力呈现该方言区苗族的生态、生计与生命形态，揭示出该方言区苗族的生态空间、生产空间、生活空间与苗族文化的相互作用关系。

本套丛书的出版将会对湘西苗族民间传统文化艺术的抢救和保护工作提供指导，也会为民间传统文化艺术的学术理论研究提供有益的帮助，促进民间艺术传习进入学术体系，朝着高等研究体系群整合研究方向发展；其出版将会成为铸牢中华民族共同体意识的文化互鉴素材，成为我国乡村振兴在湘西地区落实的文化素材，成为人类学、民族学、社会学、民俗学等学科在湘西地区的研究素材，成为我国非物质文化遗产——苗族巴代文化遗产保护的宝库。

（作者系吉首大学历史与文化学院院长、湖南省苗学学会第四届会长）

总　序

刘昌刚

　　苗族是一个古老的民族，也是一个世界性的民族。据 2010 年第六次全国人口普查统计，我国苗族有 940 余万人，主要分布在贵州、湖南、云南、四川、广西、湖北、重庆、海南等省区市；国外苗族约有 300 万人，主要分布于越南、老挝、泰国、缅甸、美国、法国、澳大利亚等国家。

一

　　《苗族通史》导论记载：苗族，自古以来，无论是在文臣武将、史官学子的奏章、军录和史、志、考中，还是在游侠商贾、墨客骚人的纪行、见闻和辞、赋、诗里，都被当成一个神秘的"族群"，或贬或褒。在中国历史的悠悠长河中，苗族似一江春水时涨时落，如梦幻仙境时隐时现，整个苗疆，就像一本无字文书，天机不泄。在苗族人生活的大花园中，有着宛如仙境的武陵山、缙云山、梵净山、织金洞、九龙洞以及花果山水帘洞似的黄果树大瀑布等天工杰作；在苗族的民间故事里，有着极古老的蝴蝶妈妈、枫树娘娘、竹筒兄弟、花莲姐妹等类似阿凡提的美丽传说；在苗族的族群里，嫡传着槃瓠（即盘瓠）后世、三苗五族、夜郎子民、楚国臣工；在苗族的习尚中，保留着八卦占卜、易经卜算、古傩祭祀、老君法令和至今仍盛行着的苗父医方、道陵巫术、三峰苗拳……在这个盛产文化精英的民族中，走出了蓝玉、沐英、王宪章等声震全国的名将，还诞生了熊希龄、滕代远、沈从文等政治家、文学家、教育家。闻一多在《伏羲考》一文中认为延维或委蛇指伏羲，是南方苗之神。远古时期居住在东南方的人统称为夷，伏羲是古代夷部落的大首领。苗族人民中确实流传着伏羲和女娲的传说，清初陆次云的《峒溪纤志》载："苗人腊祭曰报草。祭用巫，设女娲、伏羲位。"历史学家芮逸夫在《人类学集刊》上发表的《苗族洪水故事与伏羲、女娲的传说》中说："现代的人类学者经过实地考察，才得到这是苗族传说。据此，苗族全出于伏羲、女娲。他们本为兄妹，遭遇洪水，人烟断绝，仅此二人存。他们在盘古的撮合下，结为夫妇，绵延人类。"闻一多还写过《东皇太一考》，经他考证，苗族里的伏羲就是《九歌》里的东皇太一。

《中国通史》（范文澜著，人民出版社1981年版第1册第19页）载："黄帝族与炎帝族，又与夷族、黎族、苗族的一部分逐渐融合，形成春秋时期称为华族、汉以后称为汉族的初步基础。"远古时代就居住在中国南方的苗、黎、瑶等族，都有传说和神话，可是很少见于记载。一般说来，南方各族中的神话人物是"槃瓠"。三国时徐整作《三五历纪》吸收"槃瓠"入汉族神话，"槃瓠"衍变成开天辟地的盘古氏。

在历史上，苗族为了实现民族平等，屡战屡败，但又屡败屡战，从不屈服。苗族有着悠久、灿烂的文化，为中华文化的形成和发展做出了巨大贡献，在不同的历史阶段，涌现出了许多可歌可泣的英雄人物。

苗族不愧为中华民族中的一个伟大民族，苗族文化是苗族几千年的历史积淀，其丰厚的文化底蕴成就了今天这部灿烂辉煌的历史巨著。苗族确实是一个灾难深重的民族，却又是一个勤劳、善良、富有开拓性与创造性的伟大民族。苗族还是一个世界性的民族，不断开拓和创造着新的历史文化。

历史上公认的是，九黎之苗时期的五大发明是苗族对中国文化的原创性贡献。盛襄子在其《湖南苗史述略·三苗考》中论述道："此族（苗族）为中国之古土著民族，曾建国曰三苗。对于中国文化之贡献约有五端：发明农业，奠定中国基础，一也；神道设教，维系中国人心，二也；观察星象，开辟文化园地，三也；制作兵器，汉人用以征伐，四也；订定刑罚，以辅先王礼制，五也。"

苗族历史可以分为五个时期：先民聚落期（原始社会时期）、拓土立国期（九黎时期至公元前223年楚国灭亡）、苗疆分理期（公元前223年楚国灭亡至1873年咸同起义失败）、民主革命期（1873年咸同起义失败到1949年中华人民共和国成立）、民族区域自治期（1949年中华人民共和国成立至今）。相应地，苗族历史文化大致也可以分为五个时期，且各个时期具有不尽相同的文化特征：第一期以先民聚落期为界，巫山人进化成为现代智人，形成的是原始文化，即高庙文明初期；第二期以九黎、三苗、楚国为标志，属于苗族拓土立国期，形成的是以高庙文明为代表的灿烂辉煌的苗族原典文化；第三期是以苗文化为母本，充分吸收了诸夏文化，特别是儒学思想形成高庙苗族文化；第四期是苗族历史上的民主革命期（1872 年咸同起义失败到 1949 年中华人民共和国成立），形成了以苗族文化为母本，吸收了电学、光学、化学、哲学等基本内容的东土苗汉文化与西洋文化于一体的近现代苗族文化；第五期是苗族进入民族区域自治期（1949 年中华人民共和国成立至今），此期形成的是以苗族文化为母本，进一步融合传统文化、西方文化、当代中国先进文化的当代苗族文化。

二

苗族是我国一个古老的人口众多的民族，又是一个世界性的民族。她以其悠久的历史和深厚的文化而著称于世，传承着历史文化、民族精神。由田兵主编的《苗族古歌》，马学良、今旦译注的《苗族史诗》，龙炳文整理译注的《苗族古老话》，是苗族古代的编年史和苗族百科全书，也是苗族最主要的哲学文献。

距今 7800—5300 年的高庙文明所包含的不仅是一个高庙文化遗址，其同类文化遍布亚洲大陆，其中期虽在建筑、文学和科技等方面不及苏美尔文明辉煌，却比苏美尔文明早 2300 年，初期文明程度更高，后期又不像苏美尔文明那样中断，是世界上唯一一直绵延不断、发展至今，并最终创造出辉煌华夏文明的人类文明。在高庙文化区域的常德安乡县汤家岗遗址出土有蚩尤出生档案记录盘。

苗族人民口耳相传的"苗族古歌"记载了祖先"蝴蝶妈妈"及蚩尤的出生：蝴蝶妈妈是从枫木心中变出来的。蝴蝶妈妈一生下来就要吃鱼，鱼在哪里？鱼在继尾池。继尾古塘里，鱼儿多着呢！草帽般大的瓢虫，仓柱般粗的泥鳅，穿枋般大的鲤鱼。这里的鱼给她吃，她好喜欢。一次和水上的泡沫"游方"（恋爱）怀孕后生下了 12 个蛋。后经鹤宇鸟（有的也写成鸡宇鸟）悉心孵养，12 年后，生出了雷公、龙、虎、蛇、牛和苗族的祖先姜央（一说是龙、虎、水牛、蛇、蜈蚣、雷和姜央）等 12 个兄弟。

《山海经·卷十五·大荒南经》中也记载了蚩尤与枫树以及蝴蝶妈妈的不解之缘："有宋山者，有赤蛇，名曰育蛇。有木生山上，名曰枫木。枫木，蚩尤所弃其桎梏，是为枫木。有人方齿虎尾，名曰祖状之尸。"姜央是苗族祖先，蝴蝶自然是苗族始祖了。

澳大利亚人类学家格迪斯说过："世界上有两个苦难深重而又顽强不屈的民族，他们就是中国的苗族和分散在世界各地的犹太民族。"诚如所言，苗族是一个灾难深重而又自强不息的民族。唯其灾难深重，才能在磨砺中锤炼筋骨，迸发出民族自强不屈的魂灵，撰写出民族文化的鸿篇巨制。近年来，随着国家民族政策的逐步完善，对寄寓在民族学大范畴下的民族历史文化研究逐步深入，苗族作为我国少数民族百花园中的重要一支，其悠远、丰厚的历史足迹与文化遗址逐渐为世人所知。

　　苗族口耳相传的古歌记载，苗族祖先曾经以树叶为衣、以岩洞或树巢为家、以女性为首领。从当前一些苗族地区的亲属称谓制度中，也可以看出苗族从母权制到父权制、从血缘婚到对偶婚的演变痕迹。诸如此类的种种佐证材料，无不证明着苗族的悠远历史。苗族祖先凭借优越的地理条件，辛勤开拓，先后发明了冶金术和刑罚，他们团结征伐，雄踞东方，强大的部落联盟在史书上被冠以"九黎"之称。苗族历史上闪耀夺目的九黎部落首领是战神蚩尤，他依靠坚兵利甲，纵横南北，威震天下。但是，蚩尤与同时代的炎黄部落逐鹿中原时战败，从此开启了漫长的迁徙逆旅。

　　总体来看，苗族的迁徙经历了从南到北、从北到南、从东到西、从大江大河到小江小河，乃至栖居于深山老林的迁徙轨迹。五千年前，战败的蚩尤部落大部分南渡黄河，聚集江淮，留下先祖渡"浑水河"的传说。这一支经过休养生息的苗族先人汇聚江淮，披荆斩棘，很快就一扫先祖战败的屈辱和阴霾，组建了强大的三苗集团。然而，历史的车轮总是周而复始的，他们最终还是不敌中原部落的左右夹攻，他们中的一部分到达西北并随即南下，进入川、滇、黔边区。三苗主干则被流放崇山，进入鄱阳湖、洞庭湖腹地，秦汉以来不属王化的南蛮主支蔚然成势。夏商春秋战国乃至秦汉以降的历代正史典籍，充斥着云、贵、湘地南蛮不服王化的"斑斑劣迹"。这群发端于蚩尤的苗族后裔，作为中国少数民族的重要代表，深入武陵山脉心脏，抱团行进，男耕女织，互为凭借，势力强大，他们被封建统治阶级称为武陵蛮。据史料记载，东汉以来对武陵蛮的刀兵相加不可胜数，双方各有死伤。自晋至明，苗族在湖北、河南、陕西、云南、江西、湖南、广西、贵州等地辗转往复，与封建统治者进行了长期艰苦卓绝的不屈斗争。清朝及民国，苗族驻扎在云南的一支因战火而大量迁徙至滇西边境和东南亚诸国，进而散发至欧洲、北美、澳大利亚。

　　苗族遂成为一个世界性的民族！

三

苗族同胞在与封建统治者长期的争夺征战中，不断被压缩生存空间，又不断拓展生存空间，从而形成了其民族极为独特的迁徙文化现象。苗族历史上没有文字，却保存有大量的神话传说，他们有感于迁徙繁衍途中的沧桑征程，对天地宇宙产生了原始朴素的哲理认知。每迁徙一地，他们都结合当地实际，丰富、完善本民族文化内涵，从而形成了系列以"蝴蝶""盘瓠""水牛""枫树"为表象的原始图腾文化。苗族虽然没有文字，却有丰富的口传文化，这些口传文化经后人整理，散见于贵州、湖南等地流传的《苗族古歌》《苗族古老话》《苗族史诗》等典籍，它们承载着苗族后人对祖先口耳相传的族源、英雄、历史、文化的再现使命。

苗族迁徙的历程是艰辛、苦难的，迁徙途中的光怪陆离却是迷人的。他们善于从迁徙途中寻求生命意义，又从苦难中构建人伦规范，他们赋予迁徙以非同一般的意义。他们充分利用身体、语言、穿戴、图画、建筑等媒介，表达对天地宇宙的认识、对生命意义的理解、对人伦道德的阐述、对生活艺术的想象。于是，基于迁徙现象而产生的苗族文化便变得异常丰富。苗族将天地宇宙挑绣在服饰上，得出了天圆地方的朴素见解；将历史文化唱进歌声里，延续了民族文化一以贯之的坚韧品性；将跋涉足迹画在了岩壁上，应对苦难能始终奋勇不屈。其丰富的内涵、奇特的形式、隐忍的表达，成为这个民族独特的魅力，成为这个民族极具异禀的审美旨趣。从这个层面扩而大之，苗族的历史文化，便具备了一种神秘文化的潜在魅力与内涵支撑。苗族神秘文化最为典型的表现是巴代文化现象。从隐藏的文化内涵因子分析来看，巴代文化实则是苗族生存发展、生产生活、伦理道德、物质精神等文化现象的活态传承。

苗族丰富的民族传奇经历造就了其深厚的历史文化，但其不羁的民族精神又使得这个民族成为封建统治者征伐打压的对象。甚至可以说，一部封建史，就是一部苗族的压迫屈辱史。封建统治者压迫苗族同胞惯用的手段，一是征战屠杀，二是愚昧民众，历经千年演绎，苗族同胞之于本民族历史、祖先伟大事功，慢慢忽略，甚至抹杀性遗忘。

一个伟大民族的悲哀莫过于此！

四

历经苦难,走向辉煌。中华人民共和国成立后,得益于党的民族政策,苗族与全国其他少数民族一样,依托民族区域自治法,组建了系列具有本民族特色的少数民族自治机构,千百年被压在社会底层的苗族同胞,翻身当家做主人,他们重新直面苗族的历史文化,系统挖掘、整理、提升本民族历史文化,切实找到了民族的历史价值和民族文化自信。贵州和湖南湘西武陵山区一带,自古就是封建统治阶级口中的"武陵蛮"的核心区域。这一块曾经被统治阶级视为不毛之地的蛮荒地区,如今得到了国家的高度重视,中央整合武陵山片区4省市71个县市,实施了武陵山片区扶贫攻坚战略。作为国家区域大扶贫战略中的重要组成部分,武陵山区苗族同胞的脱贫发展牵动着党中央、国务院关注的目光。武陵山区苗族同胞感恩党中央,激发内生动力,与党中央同步共振,掀起了一场轰轰烈烈的脱贫攻坚世纪大战。

苗族是湘西土家族苗族自治州两大主体民族之一,要推进湘西发展,当前基础性的工作就是要完成两大主体民族脱贫攻坚重点工作,自然,苗族承担的历史使命责无旁贷。在这样的语境下,推进湘西发展、推进苗族聚集区同胞脱贫致富,就是要充分用好、用活苗族深厚的历史文化资源,以挖掘、提升民族文化资源品质,提升民族文化自信心;要全面整合苗族民族文化资源精华,去芜存菁,把文化资源转化为现实生产力,服务于我州经济社会的发展。

正是贯彻这样的理念,湘西土家族苗族自治州立足少数民族自治地区的民族资源特色禀赋,提出了生态立州、文化强州的发展理念,围绕生态牌、文化牌打出了"全域旅游示范区建设""国内外知名生态文化公园"系列组合拳,民族文化旅游业蓬勃发展,民族地区脱贫攻坚工作突飞猛进。在具体操作层面,州委、州政府提出了以"土家探源""神秘苗乡"为载体、深入推进我州文化旅游产业发展的口号,重点挖掘和研究红色文化、巫傩文化、苗疆文化、土司文化。基于此,州政协按照服务州委、州政府中心工作和民生热点难点的履职要求,组织相关专家学者,联合相关出版机构,在申报重点课题的基础上,深度挖掘苗族历史文化,按课题整理、出版苗族历史文化丛书。

人类具有社会属性,所以才会对神话故事、掌故、文物和文献进行著录和收传。以民族出版社出版、吴荣臻主编的五卷本《苗族通史》和贵州民族出版社出版的《苗族古歌》系列著作为标志,苗学研究进入了一个新的历史时期。

湘西土家族苗族自治州政协组织牵头的《湘西苗族民间传统文化丛书》记载了苗疆文化的主要内容，是苗族文化研究的重要成果。它不但整理译注了浩如烟海的有关苗疆的历史文献，出版了史料文献丛书，还记录整理了苗族人民口传心录的苗族古歌系列、巴代文化系列等珍贵资料，并展示了当代文化研究成果。

　　党的十八大以来，以习近平同志为核心的党中央，以"一带一路"倡议为抓手，不断推进人类命运共同体建设，以实现中华民族伟大复兴的中国梦为目标，不断推进理论自信、道路自信、制度自信和文化自信。没有包括苗族文化在内的各个少数民族文化的复兴，也不会有完全的中华民族伟大复兴。

　　因此，从苗族历史文化中探寻苗族原典文化，发现新智慧、拓展新路径，从而提升民族文化自信力，服务湘西生态文化公园建设，推进精准扶贫、精准脱贫，实现乡村振兴，进而实现湘西现代化建设目标，善莫大焉！

　　此为序！

2018 年 9 月 5 日

专家序一

掀起湘西苗族巴代文化的神秘面纱

汤建军

2017年9月7日，根据中共湖南省委安排，我在中共湘西州委做了题为"砥砺奋进的五年"的形势报告。会后，在湘西州社科联谭必四主席的陪同下，考察了一直想去的花垣县双龙镇十八洞村。出于对民族文化的好奇，考察完十八洞村后，我根据中共湖南省委网信办在花垣县挂职锻炼的范东华同志的热诚推荐，专程拜访了苗族巴代文化奇人石寿贵老先生，参观其私家苗族巴代文化陈列基地。石寿贵先生何许人也？花垣县双龙镇洞冲村人。他是本家祖传苗师"巴代雄"第32代掌坛师、客师"巴代扎"第11代掌坛师、民间正一道第18代掌坛师。石老先生还是湘西州第一批命名的"非物质文化遗产（以下简称'非遗'）保护"名录"苗老司"代表性传承人、湖南省第四批"非遗"名录"苗族巴代"代表性传承人、吉首大学客座教授、中国民俗学会蚩尤文化研究基地蚩尤文化研究会副会长、巴代文化学会会长。他长期从事巴代文化、道坛丧葬文化、民间习俗礼仪文化等苗族文化的挖掘搜集、整编译注及研究传承工作。一直以来，他和家人，动用全家之财力、物力和人力，经过近50年的全身心投入，在本家积累32代祖传资料的基础上，又走访了贵州、四川、湖北、湖南、重庆等周边20多个县市有名望的巴代坛班，通过本家厚实的资料库加上广泛搜集得来的资料，目前已整编译注出7大类76本

2500 多万字及 4000 余幅仪式彩图的《巴代文化系列丛书》，且准备编入《湘西苗族民间传统文化丛书》进行出版。这 7 大类 76 本具体包括：第一类，基础篇 10 本；第二类，苗师科仪 20 本；第三类，客师科仪 10 本；第四类，道师科仪 5 本；第五类，侧记篇 4 本；第六类，苗族古歌 14 本；第七类，历代手抄本扫描 13 本。除了书稿资料以外，石寿贵先生还建立起了 8000 多分钟的仪式影像、238 件套的巴代实物、1000 多分钟的仪式音乐、此前他人出版的有关苗族巴代民俗的藏书 200 余册以及包括一整套待出版的《湘西苗族民间传统文化丛书》在内的资料档案。此前，他还主笔出版了《苗族道场科仪汇编》《苗师通书诠释》《湘西苗族古老歌话》《湘西苗族巴代古歌》四本著作。其巴代文化研究基地已建立起巴代文化的三大仪式、两大体系、八大板块、三十七种类苗族文化数据库，成为全国乃至海内外苗族巴代文化资料最齐全系统、最翔实厚重、最丰富权威的亮点单位。"苗族巴代"在 2016 年 6 月入选第四批湖南省"非遗"保护名录。2018 年 6 月，石寿贵老先生获批为湖南省第四批非物质文化遗产保护项目"苗族巴代"代表性传承人。

走进石寿贵先生的巴代文化挖掘搜集、整编译注、研究及陈列基地，这是一栋两层楼的陈列馆，没有住人，全部都是用来作为巴代文化资料整编译注和陈列的。一楼有整编译注工作室和仪式影像投影室等，中堂为有关图片及字画陈列，文化气息扑面而来。二楼分别为巴代实物资料、文字资料陈列室和仪式腔调录音室及仪式影像资料制作室等，其中 32 个书柜全都装满了巴代书稿和实物，真可谓书山文海、千册万卷、博大精深、琳琅满目。

石老先生所收藏和陈列的巴代文化各种资料、物件和他本人的研究成果极大地震撼了我们一行人。我初步翻阅了石老先生提供的《湘西苗族巴代揭秘》一书初稿，感觉这些著述在中外学术界实属前所未闻、史无前例、绝无仅有。作者运用独特的理论体系资料、文字体系资料以及仪式符号体系资料等，全面揭露了湘西苗族巴代的奥秘，此书必将为研究苗族文化、苗族巴代文化学和中国民族学、民俗学、民族宗教学以及苗族地区摄影专家、民族文化爱好者提供线索、搭建平台与铺设道路。我当即与湘西州社科联谭必四主席商量，建议他协助和支持石老先生将《湘西苗族巴代揭秘》一书申报湖南省社科普及著作出版资助。经过专家的严格评选，该书终于获得了出版资助，在湖南教育出版社得到出版。因为这是一本在总体上全面客观、科学翔实、通俗形象地介绍苗族巴代及其文化的书，我相信此书一定会成为广大读者喜闻喜阅、喜欣喜爱的书，一定能给苗族历代祖先以慰藉，一定能更好地传播苗民族文化精华，一定能深入弘扬中华民族优秀传统文化。

2017 年 12 月 6 日，我应邀在中南大学出版社宣讲党的十九大精神时，结合如何策划选题，重点推介了石寿贵先生的苗族巴代文化系列研究成果，希望中南大学出版社在前期积累的基础上，放大市场眼光，挖掘具有民族特色的文化遗产，积极扶持石老先生巴代文化成果的出版。这个建议得到了吴湘华社长及其专业策划团队的高度重视。2018 年 1 月 30 日，国家出版基金资助项目公示，由中南大学出版社挖掘和策划的石寿贵编著的《巴代文化系列丛书》中的 10 本作为第一批《湘西苗族民间传统文化丛书》入选。该丛书以苗族巴代原生态的仪式脚本(包括仪式结构、仪式程序、仪式形态、仪式内容、仪式音乐、仪式气氛、仪式因果等)记录为主要内容，原原本本地记录了苗师科仪、客师科仪、道师绕棺戏科仪以及苗族古歌、巴代历代手抄本扫描等脚本资料，建立起了科仪的文字记录、图片静态记录、影像动态记录、历代手抄本文献记录、道具法器实物记录等资料数据库，是目前湘西苗族地区种类较为齐全、内容翔实、实物彩图丰富生动的原生态民间传统资料，充分体现了苗族博大精深、源远流长的文化内涵和艺术价值，对今后全方位、多视角、深层次研究苗族历史文化有着极其重要的价值和深远的意义。

从《湘西苗族民间传统文化丛书》中所介绍的内容来看，可以说，到目前为止，这套丛书是有关领域中内容最系统翔实、最丰富完整、最难能可贵的资料了。此套书籍如此广泛深入、全面系统、尽数囊括、笼统纳入，实为古今中外之罕见，堪称绝无仅有、弥足珍贵，也是有史以来对苗族巴代文化的全面归纳和科学总结。我想，这既是石老先生和他的祖上及其家眷以及政界、学界、社会各界对苗族文化的热爱、执着、拼搏、奋斗、支持、帮助的结果，也体现出了石寿贵老先生对苗族文化所做出的巨大贡献。这套丛书将成为苗族传统文化保护传承、研究弘扬的新起点和里程碑。用学术化的语言来说，这 300 余种巴代科仪就是巴代历代以来所主持苗族的祭祀仪式、习俗仪式以及各种社会活动仪式的具体内容。但仪式所表露出来的仅仅只是表面形式而已，更重要的是包含在仪式里面的文化因子与精神特质。关于这一点，石寿贵老先生在丛书中也剖析得相当清晰，他认为巴代文化的形成是苗族文化因子的作用所致。他认为：世界上所有的民族和教派都有不同于其他民族的文化因子，比如佛家的因果轮回、慈善涅槃、佛国净土，道家的五行生克、长生久视、清静无为，儒家的忠孝仁义、三纲五常、齐家治国，以及纳西族的"东巴"、羌族的"释比"、东北民族的"萨满"、土家族的"梯玛"等，无不都是严格区别于其他民族或教派的独特文化因子。由某个民族文化因子所产生出来的文化信念，在内形成了该民族的观念、性格、素质、气节和精神，在外则形成了该民族的风格、习俗、形象、身份和标志。通过内外因素的共同作用，形成支撑该民族生生不息、发展壮大、繁荣富强的不竭动力。苗族巴代文化的核心理念是人类的"自我不灭"真性，在这一文化因子的影响下，形成了"自我崇拜"或"崇拜自我、维护自我、服务自我"的人类生存哲学体系。这种理论和实践体现在苗师"巴代雄"祭祀仪式的方方面面，比如上供时所说的"我吃你吃，我喝你喝"。说过之后，还得将供品一滴不漏地吃进口中，意思为我吃就是我的祖先吃，我喝就是我的祖先喝，我就是我的祖先，我的祖先就是我，祖先虽亡，但他的血液在我的身上流淌，他的基因附在我的身上，祖先的化身就是当下的我，并且一直延续到永远，这种自我真性没有被泯灭掉。同时，苗师"巴代雄"所祭祀的对象既不是木偶，也不是神像，更不是牌位，而是活人，是舅爷或德高望重的活人。这种祭祀不同于汉文化中的灵魂崇拜、鬼神崇拜或自然崇拜，而是实实在在的、活生生的自我崇拜。这就是巴代传承古代苗族主流文化（因子）的内在实质和具体内容。无怪乎如来佛祖降生时一手指天，一手指地，所说的第一句话就是："天上地下，唯我独尊。"佛祖所说的这个"我"，指的绝非本人，而是宇宙间、世界上的真性自我。

石老先生认为，从生物学的角度来说，世界上一切有生命的动植物的活动都是维护自我生存的活动，维护自我毋庸置疑。从人类学的角度来说，人类的真性自我不生不灭，世间人类自身的一切活动都是围绕有利于自我生存和发展这个主旨来开展的，背离了这个主旨的一切活动都是没有任何价值和意义的活动。从社会科学的角度来说，人类社会所有的科普项目、科学文化，都是从有利于人类自我生存和发展这个主题来展开的，如果离开了这条主线，科普也就没有了任何价值和意义。从人类生存哲学的角度来说，其主要的逻辑范畴，也是紧紧地把握人类这个大的自我群体的生存和发展目标去立论拓展的，自我生存成为最大的逻辑范畴；从民族学的角度来说，每个要维护自己生生不息、发展壮大的民族，都要有自己强势优越、高超独特、先进优秀的文化来作支撑，而要得到这种文化支撑的主体便是这个民族大的自我。

石老先生还说，从维护小的生命、个体的小自我到维护大的人类、群体的大自我，是生物世界始终都绕不开的总话题。因而，自我不灭、自我崇拜或崇拜自我、服务自我、维护自我，在历史上早就成为巴代文化的核心理念。正是苗师"巴代雄"所奉行的这个"自我不灭论"宗旨教义，所行持的"自我崇拜"的教条教法，涵盖了极具广泛意义的人类学、民族学以及哲学文化领域中的人类求生存发展、求幸福美好的理想追求。也正是这种自我真性崇拜的文化因子,才形成了我们的民族文化自信,锻造了民族的灵魂素质,成就了民族的精神气节,才能坚定民族自生自存、自立自强的信念意识,产生出民族生生不息、发展壮大的永生力量。这就充分说明,苗族的巴代文化,既不是信鬼信神的巫鬼文化,也不是重巫尚鬼的巫傩文化,而是从基因实质的文化信念到灵魂素质、意识气魄的锻造殿堂,是彻头彻尾的精神文化,这就是巴代文化和巫鬼文化、巫傩文化的本质区别所在。

乡土的草根文化是民族传统文化体系的基因库,只要正向、确切、适宜地打开这个基因库,我们就能找到民族的根和魂,感触到民族文化的神和命。巴代作为古代苗族主流文化的传承者,作为一个族群社会民众的集体意识,作为支撑古代苗族生存发展、生生不息的强大的精神支柱和崇高的文化图腾,作为苗族发展史、文明史曾经的符号,作为中华民族文化大一统中的亮丽一簇,很少被较为全面系统、正向正位地披露过。

巴代是古代苗族祭祀仪式、习俗仪式、各种社会活动仪式这三大仪式的主持者,更是苗族主流文化的传承者。因为苗族在历史上频繁迁徙、没有文字、不属王化、封闭保守等因素,再加上历史条件的限制与束缚,为了民族的生存和发展,苗族先人机灵地以巴代所主持的三大仪式为本民族的显性文化表象,来传承苗族文化的原生基因、本根元素、全准信息等这些只可意会、不可言传的隐性文化实质。又因这三大仪式的主持者叫巴代,故其所传承、主导、影响的苗族主流文化又被称为巴代文化,巴代也就自然而然地成为聚集古代苗族的哲学家、法学家、思想家、社会活动家、心理学家、医学家、史学家、语言学家、文学家、理论家、艺术家、易学家、曲艺家、音乐家、舞蹈家、农业学家等诸大家之精华于一身的上层文化人,自古以来就一直受到苗族人民的信任、崇敬和尊重。

巴代文化简单说来就是三大仪式、两大体系、八大板块和三十七种文化。其包括了苗族生存发展、生产生活、伦理道德、物质精神等从里到表、方方面面、各个领域的文化。巴代文化必定成为有效地记录与传承苗族文化的大乘载体、百科全书以及活态化石,必定成为带领苗族人民从远古一直走到近代的精神支柱和家园,必定成为苗族文化的根、魂、神、质、形、命的基因实质,必定成为具有苗族代表性的文化符号与文化品牌,必定成为苗族优秀的传统文化、神秘湘西的基本要素。

石老先生委托我为他的丛书写篇序言,因为我的专业不是民族学研究,不能从专业角度给予中肯评价,为读者做好向导,所以我很为难,但又不好拒绝石老先生。工作之余，我花了很多时间认真学习他的相关著述，总感觉高手在民间，这些文字是历代苗族文化精华之沉淀，文字之中透着苗族人的独特智慧，浸润着石老先生及历代巴代们的心血智慧，更体现出了石老先生及其家人一生为传承苗族文化所承载的常人难以想象的、难以忍受的艰辛、曲折、困苦、执着和担当。

这次参观虽然不到两个小时，却发现了苗族巴代文化的正宗传人。遇见石老先生，我感觉自己十分幸运，亦深感自己有责任、有义务为湘西苗族巴代文化及其传人积极推荐，努力让深藏民间的优秀民族文化遗产能够公开出版。石老先生的心愿已了，感恩与我们一样有这种情结的评审专家和出版单位对《湘西苗族民间传统文化丛书》的厚爱和支持。我相信，大家努力促成这些书籍公开出版，必将揭开湘西苗族巴代文化的神秘面纱，必将开启苗族巴代文化保护传承、研究弘扬、推介宣传的热潮，也必将引发湘西苗族巴代文化旅游的高潮。

略表数言，抛砖引玉，是为序。

（作者系湖南省社会科学院党组成员、副院长，湖南省省情研究会会长、研究员）

专家序二

罗康隆

　　我来湘西 20 年,不论是在学校,还是在村落,听到当地苗语最多的就是"巴代"(分"巴代雄"与"巴代扎")。起初,我也不懂巴代的系统内涵,只知道巴代是湘西苗族的"祭师",但经过 20 年来循序渐进的认识与理解,我深知,湘西苗族的"巴代",并非用"祭师"一词就可以简单替代。

　　说实在的,我是通过《湘西苗族调查报告》和《湘西苗族实地调查报告》这两本书来了解湘西的巴代文化的。1933 年 5 月,国立中央研究院的凌纯声、芮逸夫来湘西苗区调查,三个月后凌纯声、芮逸夫离开湘西,形成了《湘西苗族调查报告》(2003 年 12 月由民族出版社出版)。该书聚焦于对湘西苗族文化的展示,通过实地摄影、图画素描、民间文物搜集,甚至影片拍摄,加上文字资料的说明等,再现了当时湘西苗族社会文化的真实图景,其中包含了不少关于湘西苗族巴代的资料。

　　当时,湘西乾州人石启贵担任该调查组的顾问,协助凌纯声、芮逸夫在苗区展开调查。凌纯声、芮逸夫离开湘西时邀请石启贵代为继续调查,并请国立中央研究院聘石启贵为湘西苗族补充调查员,从此,石启贵正式走上了苗族研究工作的道路。经过多年的走访调查,石启贵于 1940 年完成了《湘西苗族实地调查报告》(2008 年由湖南人民出版社出版)。在该书第十章"宗教信仰"中,他用了 11 节篇幅来介绍湘西苗族的民间信仰。2009 年由中央民族大学"985 工程"中国少数民族非物质文化研究与保护中心与台湾"中央研究院"历史语言研究所联合整理,在民族出版社出版了《民国时期湘南苗族调查实录(1~8 卷)(套装全 10 册)》,包括民国习俗卷、椎猪卷、文学卷、接龙卷、祭日月神卷、祭祀神辞汉译卷、还傩愿卷、椎牛卷(上)、椎牛卷(中)、椎牛卷(下)。由是,人们对湘西苗族"巴代"有了更加系统的了解。

我作为苗族的一员,虽然不说苗语了,但对苗族文化仍然充满着热情与期待。在我主持学校民族学学科建设之初,就将苗族文化列为重点调查与研究领域,利用课余时间行走在湘西的腊尔山区苗族地区,对苗族文化展开调查,主编了《五溪文化研究》丛书和《文化与田野》人类学图文系列丛书。在此期间结识了不少巴代,其中就有花垣县董马库的石寿贵。此后,我几次到石寿贵家中拜访,得知他不仅从事巴代活动,而且还长期整理湘西苗族的巴代资料,对湘西苗族巴代有着系统的了解和较深的理解。

我被石寿贵收集巴代资料的精神所感动,决定在民族学学科建设中与他建立学术合作关系,首先给他配备了一台台式电脑和一台摄像机,可以用来改变以往纯手写的不便,更可以将巴代的活动以图片与影视的方式记录下来。此后,我也多次邀请他到吉首大学进行学术交流。在台湾"中央研究院"康豹教授主持的"深耕计划"中,石寿贵更是积极主动,多次对他所理解的"巴代"进行阐释。他认为湘西苗族的巴代是一种文化,巴代是古代苗族祭祀仪式、习俗仪式、各种社会活动仪式这三大仪式的主持者,是苗族文化的传承载体之一,是湘西苗族"百科全书"的构造者。

巴代文化成为苗族文化的根、魂、神、质、形、命的基因实质。这部《湘西苗族民间传统文化丛书》含 7 大类 76 本 2500 多万字及 4000 余幅仪式彩图,还有 8000 多分钟仪式影像、238 件套巴代实物、1000 多分钟仪式音乐等,形成了巴代文化资料数据库。这些资料弥足珍贵,以苗族巴代仪式结构、仪式程序、仪式形态、仪式内容、仪式音乐、仪式气氛、仪式因果为主要内容进行记录。这是作者在本家 32 代祖传所积累丰厚资料的基础上,通过近 50 年对贵州、四川、湖南、湖北、重庆等省市周边有名望的巴代坛班走访交流,行程达 10 万多公里,耗资 40 余万元,竭尽全家之精力、人力、财力、物力,对巴代文化资料进行挖掘、搜集与整理所形成的资料汇编。

这些资料的样本存于吉首大学历史与文化学院民间文献室,我安排人员对这批资料进行了扫描,准备在 2015 年整理出版,并召开过几次有关出版事宜的会议,但由于种种原因未能出版。今天,它将由中南大学出版社申请到的国家出版基金资助出版,也算是了结了我多年来的一个心愿,这是苗族文化史上的一件大好事。这将促进苗族传统文化的保护,极大地促进民族精神的传承和发扬,有助于加强、保护与弘扬传统文化,对落实党和国家加强文化大发展战略有着特殊的使命与价值。

(作者系吉首大学历史与文化学院院长、湖南省苗学学会第四届会长)

概　述

　　《湘西苗族民间传统文化丛书》以苗族巴代原生态的仪式脚本(包括仪式结构、仪式程序、仪式形态、仪式内容、仪式音乐、仪式气氛、仪式因果等)记录为主要内容,原原本本地记录了苗师科仪、客师科仪、道师绕棺戏科仪以及苗族古歌、巴代历代手抄本扫描等脚本资料,建立起了科仪文字记录、图片静态记录、影像动态记录、历代手抄本文献记录、道具法器实物记录等资料数据库,为抢救、保护、传承、研究这些濒临灭绝的苗族传统文化打牢了基础,搭建了平台,提供了必需的条件。

　　巴代是古代苗族祭祀仪式、习俗仪式、各种社会活动仪式这三大仪式的主持者,也是苗族主流文化的传承载体之一。古代苗族在涿鹿之战后因为频繁迁徙、分散各地、没有文字、不属王化、封闭保守等因素,形成了具有显性文化表象和隐性文化实质这二元文化的特殊架构。基于历史条件的限制与束缚,为了民族的生存和发展,苗族先人机灵地以巴代所主持的三大仪式为本民族的显性文化表象,来传承苗族文化的原生基因、本根元素、全准信息等这些只可意会、不可言传的隐性文化实质。因为三大仪式的主持者叫巴代,故其所传承、主导、影响的苗族主流文化又被称为巴代文化,巴代也就自然而然地成为聚集古代苗族的哲学家、史学家、宗教家等诸大家之精华于一身的上层文化人,自古以来就一直受到苗族人民的信任、崇敬和尊重。

　　巴代文化简单说来就是三大仪式、两大体系、八大板块和三十七种文化。其包括了苗族生存发展、生产生活、伦理道德、物质精神等从里到表、方方面面各个领域的文化。巴代文化必定成为有效地记录与传承苗族文化的大乘载体、百科全书以及活态化石，必定成为带领苗族人民从远古一直走到近代的精神支柱和家园，必定成为苗族文化的根、魂、神、质、形、命的基因实质，必定成为具有苗族代表性的文化符号与文化品牌，必定成为苗族优秀的传统文化之一、神秘湘西的基本要素。

苗族的巴代文化与纳西族的东巴文化、羌族的释比文化、东北民族的萨满文化、汉族的儒家文化、藏族的甘朱尔等一样，是中华文明五千年的文化成分和民族文化大花园中的亮丽一簇，是苗族文化的本源井和柱标石。巴代文化的定位是苗族文化的全面归纳、科学总结与文明升华。

近代以来，由于种种原因，巴代文化濒临灭绝。为了抢救这种苗族传统文化，笔者在本家 32 代祖传所积累丰厚资料的基础上，又通过近 50 年以来对贵州、四川、湖南、湖北、重庆等省市周边有名望的巴代坛班走访交流，行程 10 多万公里，耗资 40 余万元，竭尽全家之精力、人力、财力、物力，全身心投入巴代文化资料的挖掘、搜集、整编译注、保护传承工作中，到目前已形成了 7 大类 76 本 2500 多万字及 4000 余幅仪式彩图的《湘西苗族民间传统文化丛书》(以下简称《丛书》)有待出版，建立起了《丛书》以及 8000 多分钟的仪式影像、238 件套的巴代实物、1000 多分钟的仪式音乐等巴代文化资料数据库。该《丛书》已成为当今海内外唯一的苗族巴代文化资源库。

7 大类 76 本 2500 多万字及 4000 余幅仪式彩图的《丛书》在学术界也称得上是鸿篇巨制了。为了使读者能够在大体上了解这套《丛书》的基本内容，在此以概述的形式来逐集进行简介是很有必要的。

这套洋洋大观的《丛书》，是一个严谨而完整的不可分割的体系，按内容属性可分为 7 大类型。因整套《丛书》的出版分批进行，在出版过程中根据实际情况对《丛书》结构做了适当调整，调整后的内容具体如下：

第一类：基础篇。分别是：《许愿标志》《手诀》《巴代法水》《巴代道具法器》《文疏表章》《纸扎纸剪》《巴代音乐》《巴代仪式图片汇编》《湘西苗族民间传统文化丛书通读本》等。

第二类：苗师科仪。分别是：《接龙》(第一、二册)，《汉译苗师通鉴》(第一、二、三册)，《苗师通鉴》(第一、二、三、四、五、六、七、八册)，《苗师"不青"敬日月车祖神科仪》(第一、二、三册)，《敬家祖》，《敬雷神》，《吃猪》，《土昂找新亡》。

第三类：客师科仪。分别是：《客师科仪》(第一、二、三、四、五、六、七、八、九、十册)。

第四类：道师科仪。分别是：《道师科仪》(第一、二、三、四、五册)。

第五类：侧记篇之守护者。

第六类：苗族古歌。分别是：《古杂歌》，《古礼歌》，《古阴歌》，《古灰歌》，《古仪歌》，《古玩歌》，《古堂歌》，《古红歌》，《古蓝歌》，《古白歌》，《古人歌》，《汉译苗族古歌》(第一、二册)。

第七类：历代手抄本扫描。

本套《丛书》的出版将为抢救、保护、传承、研究这些濒临灭绝的苗族传统文化打牢基础、搭建平台和提供必需的条件；为研究苗族文化，特别是研究苗族巴代文化学、民族学、民俗学、民族宗教学等，以及这些学科的完善和建设做出贡献；为研究、关注苗族文化的专家学者以及来苗族地区的摄影者提供线索与方便。《丛书》的出版，将有力地填补苗族巴代文化学领域里的空缺和促进苗族传统文明、文化体系的完整，使苗族巴代文化成为中华民族文化大花园中的亮丽一簇。

石寿贵
2020 年秋十中国苗族巴代文化研究中心

前　言

　　苗族前人留传下来的原生态苗歌，简称"苗族古歌"。它以诗歌传唱的形式真实地记录、传承了苗族的族群史、发展史和文明史，是苗族历史与文化传承的载体、百科全书以及活化石。它原汁原味地展示了苗族人民口口相传的天地形成、人类产生、族群出现、部落纷争、历次迁徙、安家定居、生产生活等从内到外、从表到里的方方面面的历史与文化，是一个体系庞大、种类繁多、内容丰富、意境高远、腔调悠长、千姿百态的文化艺术形式，也是一种苗族人民历来乐于传唱、普及程度很高的文化娱乐方式。

　　2011 年 5 月 23 日，"苗族古歌"名列国务院公布的第三批国家级非物质文化遗产扩展项目名录；2014 年 6 月，笔者主持的"花垣县苗族巴代文化保护基地"（笔者自家）被湘西土家族苗族自治州政府授牌为"苗族古歌传习所"，2014 年 8 月，被花垣县人民政府授牌为"花垣县董马库乡大洞冲村苗族古歌传习所"。政府的权威认定集中体现了国家对苗族古歌的充分肯定和高度重视。

　　笔者生活在一个世代传承苗歌之家，八九代人一直都在演唱、创作、传承苗歌。太高祖石共米、石共甲，高祖石仕贵、石仕官，曾祖石明章、石明玉，祖公石永贤、石光，父亲石长先，母亲龙拔孝，大姐石赐兴，大哥石寿山等，都是当时享有名望的大歌师，祖祖辈辈奉行的是"唱歌生、唱歌长、唱歌大、唱歌老、唱歌死、唱歌葬、唱歌祭"的宗旨，对苗歌天生有一种离不开、放不下、丢不得、忘不掉的特殊情感，因而本家祖传的苗歌资料特别丰富。笔者在本家苗歌资料的基础上，又在苗族地区广泛挖掘搜集，进而进行整编译注工作。

　　我们初步将采集到的苗族古歌编辑成了 635 卷线装本，再按其内容与特色分类编辑成《古灰歌》《古红歌》《古蓝歌》《古白歌》《古人歌》《古杂歌》《古礼歌》《古堂歌》《古玩歌》《古仪歌》《古阴歌》，共 11 本，400 余万字，已被纳入国家出版基金项目，由中南大学出版社出版。这批苗族古歌的问世，将成为海内外学术界研究苗族乃至世界哲学、历史学、文学、语言学、人类学、民族学、民俗学、宗教学等学科不可或缺的基本资料，它们生动地体现了古代苗族独创、独特且博大的历史文化和千姿百态、璀璨缤纷的艺术魅力。

截至目前，我们已经出版了《湘西苗族巴代古歌》《湘西苗族古老歌话》等 4 本苗歌图书。《古灰歌》《古红歌》《古蓝歌》《古白歌》《古人歌》《古杂歌》《古礼歌》《古堂歌》《古玩歌》《古仪歌》《古阴歌》11 本被编入了《湘西苗族民间传统文化丛书》第二辑，本册《古阴歌》是这 11 本中的第 11 本。

古阴歌，即专门唱诵阴间内容情节的歌。所谓阴间，即人们按照生活环境、习惯、规律、法则、实践等情节在脑海中形成的一些思维和影像，认为人身有阴阳，其中阳是人体的骨肉，阴是思维的魂魄。有阴有阳、有身有魂、有生有死，活人虽死，而其魂可以上天永驻永存。如古代诗人唐寅诗中所说的那样："生在阳间有散场，死归地府又何妨。阳间地府俱相似，只当漂流在异乡。"这里所说的地府是指黄泉地下，而苗族人则认为魂归天堂，是上天界去的。不管是地府黄泉还是天界天堂，人们都将其称为阴界或阴间。那么，阴间在哪里？魂魄在哪里？答案其实很简单，它们在人们的脑海里，在人们的思维里，除此之外，别无他处。

苗族人的传统观念认为，人死之后，魂魄就升天了。一般的人升天入驻祖堂"纪流纪补"或"依流西向、意苟纪补"，巴代则入驻"老君大堂、玉皇大殿"，经过苗道护送的则入驻"西天佛爷殿"等。因此，过去苗区村寨一旦有人死亡，安葬之后就要举行两种祭祀仪式：一种是"招新亡入祖籍"；一种是请香娘（一说仙娘）上天寻找新亡，名曰送饭，苗语称为"送列"。这些都是解决人们脑海里所想象的问题，故将香娘上天寻找新亡所唱的祭祀歌称为阴歌。因其是古代流传下来的歌种，故称为"古阴歌"。

香娘自远方村寨请来，一般不知丧家死者之具体事情。其来家之后，于地楼板上摆设一张饭桌，上置米升插香摆利什、一碗凉水、一碗酒，并铺一块布，名曰"上天之桥"，尚有一些糖食果品等物。旁边一人负责烧纸，并专门负责与香娘对话，传下凡间与众人听。

香娘烧纸叩师之后，便用帕子或围裙挡住脸面，开始催眠并用拖腔哼唱阴歌，然后起跳入阴。其歌的内容大体为：香娘在其师父的带领下，与烧纸人一起，由主家出发，去该村的土地堂（村宗寨祖堂）去借神马，然后上天梯

"求补窝踏"，上登坡后，经过"迷魂井"和巴代送酒肉的大岩板，进入天堂的花园、鼓场、歌场、秋千场等地，然后到先祖堂、佛界(西天)、仙界(老君玉皇殿)、大祖堂(林豆林且)等处寻找新亡。一般凡是死亡的找先祖堂"纪流纪补"，经过苗道打绕送棺的则找西天，如果是祭师巴代死亡的则找"玉皇老君殿"等处。找到后，就不要去其他地方找了。

找到新亡后，香娘要讲出死者的名字，要说出死亡时的情况，如有几人送终，有哪些孝子没到，发生了什么特殊情况，送了多少件衣服，墓地有几分龙脉，亡者还有几分生气留给儿孙，等等。然后，连同所找到的家祖一起敬送饭食。之后便是安慰亡魂。最后沿着来路转回凡间。

本册《古阴歌》共收入古阴歌200余首，以供读者研究和参考。

有几点需要提醒读者朋友们注意。苗族古歌基本上都属于诗歌体裁，但在苗区里基本上是五里不同腔、八里不同韵。本册《古阴歌》保存的资料采集于花垣县双龙镇洞冲村一带，此地属于东部方言第二方言区的语音地，书中的苗语发音虽然采用了类似现代汉语拼音的标注方式，但其实与普通话的发音相去甚远。而且，苗族古歌在口口相传的过程中一直没有定本，一直处在流动不居的演变过程之中。这也是本套丛书的价值所在。因此，在整理编写的过程中，笔者也在最大程度地保留了采集到的资料的原貌。因苗区各地的音腔不同，所以苗族古歌的唱腔也有不同，共几十种。我们搜集到一些唱腔，但只知道极少数歌者的名字，而大多数歌者无法列出，为保持统一，在本部分所示的二维码中，我们没有列出歌者的名字，诚望读者谅解。

目 录

下篇

上篇

一、焚香设坛

1.

窝香哈见阿乡潮，

Aot xiangt hab jianb ad xiangd zaod，

窝这偷白这吾斩。

Aob zheib teb beid zheib wu zaib.

度标列充喂牙要，

Dud boub leib chub weib yab yaob，

候内送列扛向先。

Heb neib songb liex gangb xiangt xiant.

主家印得米一升，一碗水清摆桌上。

主家奉请我仙人，要去天上找新亡。

2.

窝向窝头汝窝穷，

Aot xiangt aot toub rub aox qiongb，

窝穷柔汝求打便。

Aox qiongx reb rux qiub dat biat.

列充师父苟吉龙，

Leib congb sit fut geb jid longb，

列难师父苟几达。

Leib nanb sit fut geb jid dab.

诚心烧起三炷香，香烟渺渺上天堂。
要请师父把坛掌，要迎仙师降坛场。

3.

太见几北你号拢，
Tait jianb jid beib nit hoax nongb,
就桥摆潮苟几达。
Jiub qiaob baid zaox ged jid dab.
列板头香苟吉龙，
Leib band ted xiangt ged jid longb,
标先图汝溜溜抓。
Biaob xiant tub rub loub loub zhab.

桌子摆好在此间，又铺桥又摆香米。
香纸都要摆起来，灯盏点亮迎神祇。

4.

几北太照绒补安，
Jid beib tait zhaob rongb bub ant,
太照板纵阿交弄。
Tait zhaob band zongb ad jiaob nongd.
板酒板潮充向先，
Baid jiub baid zaox chub xiangt xian.
列岔向先苟长拢。
Leib chab xiangt xiant goud chongb longb.

桌子摆在地楼上，摆在地楼的上方。
再摆米酒请新亡，要找新亡走上苍。

二、请祖师

1.

就香喂浪师父闹，

Jiux xiangt weib nangd sid fut laox，

娘便师父吉叫拢。

Niangb biat sid fut jid jiaob longd.

内得师父吉炯闹，

Neid deit sid fut jid jiongx laox，

浪喂声够见见拢。

Nangd weib shongt gout jianx jianx longb.

奉请师父快下来，乜便师父到这里。

母女师父都请遍，闻听歌声都来齐。

2.

浪喂得声拢几炯，

Nangb weib deit shongt longb jid jiongx，

浪牙声够吉上拢。

Nangb yab shongt gout jid shangb longb.

列嘎窝得充牙英，

Leib gax aod deid congd yab yongd，

列闹窝堂号弄充。

Leib laox aod tangb haob nongd congd.

闻听我请随歌到，听到歌唱快点来。
奉请牙英快来了，请到这里来扛仙。

3.

拔冬格容喂列难，

Bab dongt gid rongb weib leib nanx,

拔茂娘连喂列包。

Bab moux niangb lianb weib leib baod.

浪喂声除寿几台，

Nangb weib shongt zhux shoux jid taid,

浪牙声够列跟倒。

Nangb yab shongt gout leib gend daod.

拔冬格容我要请，还有拔茂和乜连。
脚步随着我歌声，神驾随着香烟来。

4.

牙排斗你冬篓痛，

Yab paib doud nib dongt loub tongb,

牙女斗炯你几豆。

Yab nvb doud jiongx nit gib dout.

然蒙少拢窝得炯，

Shab mengb shaox longb aod deib jiongx,

炯喂仙妹会起头。

Jiongx weib xiand meid huix kid toub.

牙排坐到阳孟寨，牙女坐在吉豆边。
请你来临要赶快，来到堂中把座安。

5.

牙兰牙美几炯会，

Yab lanb yab mid jid jiongx huix,

几炯会闹号拢豆。

Jid jiongx huib laox haox nongd dout.
师父召豆喂召追,
Sit fut zhaob doux weib zhaob zhuix,
师父炯剖会苟篓。
Sit fut jiongt bout huix kid neb.

牙兰牙美接连到,接连来到这里边。
师父前到我后靠,师父引路走在到。

6.

列猛排当充牙泡,
Lei mengb paib dangt chongd yab paox,
汝声牙汝萨忙够。
Rux shongt yab rux sad mangd gout.
充拢窝得麻高潮,
Congd longb aot deib mab aod zaox,
跟刀达吾会拢豆。
Gend diaod dab wub huix longb dout.

要走排当请牙泡,好音又唱好歌言。
请到堂中米碗报,跟着马上就拢边。

7.

出连出滚吉上用,
Chud lianb chud gunx jid shangb yongx,
出记出风吉上拢。
Chud jix chud fengd jid shangb longb.
拢单召篓召追炯,
Longb dand zhaob loub zhaob zhuix jiongx,
召篓召追炯仙绒。
Zhaob loub zhaob zhuix jiongx xiant rongb.

做那神莺飞得快,腾云驾雾快来了。

到边拥前护后面，拥前护后把驾保。

8.

师父再列充剖骂，
Sit fut zaix leib congd bout max,
剖骂斗炯玉皇标。
Bout max dout jiongx yub mangb boud.
棍空油拢没乙吧，
Gongt kongt youd longb meib yib bax,
棍代吉拢出阿苟。
Gongt daid jid longb chud ad goud.

师父再要请我爸，我爸坐在玉皇家。
祖师请来几千大，宗师也来传法加。

9.

棍空苟冬嘎养红，
Gongt kongt goud dongt ghad yangd hongx
棍代工夫嘎养打。
Gongt daid gongd fub ghad yangd dad.
乙万炯产苟吉拢，
Yib wanx jiongb cant goud jib longb,
加棍列将打松怕。
Jiad gongt leib jangx dat songt pat.

祖师本事实在大，宗师法术不得了。
八万七千一齐下，镇压邪神都赶跑。

10.

喂浪师父妹连岔，
Weib nangd sit fut meid lianb chax,
包牙苟冬到白久。
Baox yab goud dongt daod baib jiud.

岔向列猛求窝踏，

Chax xiangt leib mengb qiub aox tax，

炯牙列扛会见苟。

Jiongt yab leib gangb huix jianb goud.

我的师父牙妹连，教我法术满了身。

要找新亡上天界，要你师父带我们。

11.

再斗牙花你斗追，

Zaix doub yab huat nit doub zhuix，

斗炯得让窝得乖。

Doub jiongx deib rangb aot deib guit.

浪喂声然吉上会，

Nangb weib shongt shab jid shangb huix，

吉上拢送号拢得。

Jid shangb longb songx hoax longb deib.

还有牙花在斗追，居住寨中好房屋。   斗追：地名。

闻我奉请来得齐，赶快前来帮做主。

12.

油吾油斗吉上拢，

Youb wut youb deb jid shangb longb，

油苟油绒拢单得。

Youb goud youb rongx longb dand deib.

拢单龙剖阿苟炯，

Longb dand longb bout ab goud jiongx，

拢喂牙妹阿苟舍。

Longb weid yab meix ab goud shex.

随波随浪快点来，翻山越岭快来临。

来到请坐我身边，和我牙妹在一起，

13.

西昂师父阿苟闹，

Xid angb sit fut ab goud laox，

虐满师父阿苟拢。

Nub mianb sit fud ab gou nongx.

几炯列拢得窝潮，

Jix jiong leib liongb deib aot zaox，

吉难列闹号弄宗。

Jib nanb leib laox haox nongd zong.

古代师父一齐喊，过去师父一起来。

一同来到米升边，一起同来到此间。

14.

没格列充号弄炯，

Meib giet leib chub haox nongd jiongx

然葡师父阿苟充。

Rab pud sit fut ab goud chub.

拢喂阿苟出棍空，

Longb weib ab goud chub gongt kongt，

岔向送列阿苟猛。

Chab xiangt songx leib ab goud mengb.

有名要请这里坐，缺名师父也要请。

和我一起靠得住，要找新亡上天庭。

15.

补谷照奶阿苟难，

But gub zhaox leit ab goud nanx，

炯谷欧图汝师夫。

Jiongb gub out dub rux sit fut.

列埋拢送达起见，

Leib maib longb songx dad kid jianb，

充埋少闹号弄图。
Congb maib shaox laox haox nongd dub.

三十六名一起请，七十二位好师父。
一起来到这才行，奉请你们帮做主。

16.

师父拢单没头扛，
Sit fut longb dand meib teb gangb，
扛见扛嘎亚扛酒。
Gangb jianb gangb ghad yax gangb jiud.
亚窝头浪亚窝抗，
Yab aot toub nangb yab aot kangx，
窝扛师夫埋少苟。
Aot kangx sit fut maib shaob ged.

师父到边烧纸送，送这冥钱又送酒。
烧纸冥钱阴间用，完全交在你们手。

17.

几窝尼头亚尼抗，
Jid aot nib toud yax nib kangx，
窝拢见汉窝补恩。
Aot longb jianb hanx aot bud giet.
阿腊师夫没吉上，
Ad lat sit fut meit jib shangb，
苟追没得少苟用。
Goud zhuix meib deib shaob goud yongt.

不烧是纸是帛箔，烧了化变成金银。
奉请师父皆领受，日后花销不操心。

18.

几窝腊尼头，

Jid aot lab nib toud,

窝扛师夫埋少苟。

Aot kangx sit fut maib shaox goud.

窝拢尼汉窝补恩，

Aot longb nib hanb aot bub giet

师夫埋少没苟用。

Sit fut maib shaox mex geud yongt.

不烧便是纸，烧成银钱师父收。

烧了变化成金银，日后用钱不操心。

三、藏魂

1.

师父充单最慢慢，

Sit fut congd dand zuix mand mand,

补谷照图莎腊单。

But guob zhaox dux sax lab dand.

候喂让别苟扛见，

Houx weib rad boub goud gangb jianb

让照吉久窝得善。

Rad zhaob jib jiud aot deib shait.

师父请到都齐来，三十六位都到边。

帮我藏身送稳安，藏好身魂得安然。

2.

让照得从亚洽闹，

Rad zhaob deib congt yab qiax laox,

让照几吾亚洽篓。

Rad zhaob gid wut yab qiax leb.

让标让照窝桶潮，

Rad boub rad zhaob aox tongd zaox,

让照抱兰抱长欧。

Rad zhaob baox lanb baox changd oud.

藏在高坡怕掉下，藏在水中怕流走。
藏身藏在米桶里，藏在身中衣里头。

3.

让标让照到比被，
Rad boub rad zhaob daox bid beit,
让召比被窝帮汝。
Rad zhaob bid beit aob bangx rux.
内克几干你号几，
Neib geid jid gand nit gaob jit,
棍孟几咱你几图。
Gongt mengb jid zad nit jid tut.

藏身藏在头发内，藏在万根头发丝。
人看不清一团气，鬼看不明全不知。

4.

让标让照追缪猛，
Rad doub rad zhaob zhuix moub mengd,
让照追缪阿交弄。
Rad zhaob zhuix mengb ad jiaod nongd.
中缪林汝欧胖温，
Zhongb moub longb rux out pangt wongt,
内克几咱你几冬。
Neib keid jid zad nit jit dongt.

藏身藏在耳朵后，藏在耳朵孔内嘴。
耳朵大如簸箕厚，藏住不见在哪里。

5.

让标让照追缪乙，
Rad boub rad zhaob zhuix moub yit,
让照追缪浪苟追。

rad zhaob zhuix moub nangb goub zhuix.

中缪林拿窝温玉,

Zhongb moub longb nab aot wengt yut,

棍梦几咱你号几。

Gongt mengx jid zad nit haob jit.

藏身藏在耳目间,藏在眉间看不明。
耳朵又大眉又弯,鬼瞧不见不知阴。

6.

让标让照窝中挡,

Rad boub rad zhaob aot zhongt tangb,

让照中挡打虫你。

Rad zhaob zhongt tangb dad chongb nit.

让你中挡浪吉浪,

Rad nit zhongt tangb nangd jib nangb,

棍梦几咱你号几。

Gongt moux jid zad nit haox jit.

藏身藏在鼻孔内,风箱风动不知情。
藏在风箱肚内里,鬼看不明藏得稳。

7.

让召猛绒窝猛帮,

Rad zhaob mengt rongb aod mengb bangx,

猛绒猛帮窝加走。

Mengb rongb mengb bangx aot jiat cib.

旧白旧打筐内娘,

Jiut beid jiut dad kangx neib niangb,

内克棍孟几咱剖。

Neib ged gongt mengx jid zad bout.

藏身藏在大山岭,藏在大山草里头。

人看不知鬼不明，人瞧不见鬼不知。

8.

急急哭松让吉汝，
Gid gid kud songt rad jib rux，
急急哭袍让几冬。
Gid gid kud paob rad jid dongt.
标鬼让猛几帮处，
Boub guit rad mengd jib bangx chux，
让召帮处头板稳。
Rad zhaob bangx chux toub band wend.

雷洞风洞好藏身，风洞雷洞好藏魂。
魂魄藏得深又深，人看不知鬼不明。

9.

穷首穷闹汝得让，
Qiongd sit qiongd laox rux deib rab，
晚斗晚闹让猛见。
Wand dout wand laox rad mengb jianb.
嘎豆嘎脏板出忙，
Giad dout giad zangt band chub mangb，
几咱牙要几咱埋。
Jid zad yab yaox jid zad maib.

浇铸铁水好藏身，大锅铁锅好藏魂。
万块犁泥藏得深，不见我身和你们。

10.

师夫候喂让标汝，
Sit fut hex weib rad boub rux，
让汝标归头板稳。
Rad rux boub guit toub band wongt.

内克几咱干召度，
Neib geid jid zab gianb zhaob dux,
汝炯苟虐你几冬。
Rux jiongx goud niub nit jit dongt.

师父帮我藏身好，藏好魂魄实在稳。
人看不透云九霄，好坐世间享太平。

四、去村祖堂借马

1.

标归且月让如汝，

Boub guit jiex yueb rad rub rux,

仙妹元兄让汝偷。

Xiand meid yuanb xiongd rad rux toud.

阿标林休几得度，

Ab boud liongb xiut jid deid dux,

列求斗冬否浪标。

Leib qiub doud dongt wub nangd boud.

身体魂魄藏好了，仙妹元身藏得稳。

一家大小莫吵闹，要去土地堂中行。

2.

棍灶棍晚阿苟会，

Giongt zaob giongt wanb ab goud huix,

棍吹棍竹阿苟猛。

Giongt chuid giongt zhub ab goud mengb.

师夫召豆喂召追，

Sit fut zhaob doub weib zhaob zhuix,

几炯列会求斗冬。

Jix jiongx leib huix qiux doud dongt.

灶神福德一齐走，把门守户一起行。

师父在前我随后，要拜土地寨祖神。

3.

阿剖斗你帮孺图，

At pout doud nib bangd rub tux，

斗炯嘎柔麻汝标。

Doud jiongx gab roub mab rux boud.

标扎标班向蒙汝，

Boud zab boud band xiangt mengt rux，

标柔标瓦汝几斗。

Boud roub boud wab rux jid dout.

寨祖坐在丛林内，坐在古树堂中安。

岩板起屋带古气，原始立寨似这般。

4.

阿剖斗你标柔炯，

Ad pout doud nit boud rux jiongx，

阿乜斗炯标柔弄。

Ad niab doud jiongx boud rux nongb.

剖召义义浪标拢，

Bout zhaob jid leit nangd boud longb，

列求号弄扛见恩。

Leib jiub haox nongb gangb jianb gie.

村宗寨祖树丛住，原始起屋用岩块。

我从某家来你处，来到这里送冥钱。

5.

咱约阿剖没头扛，

Zad yod ad put meib toud gangb，

扛见扛嘎亚扛酒。

Gangb jianb gangb giax yax gangb jiud.
亚窝头浪亚窝抗，
Yab aot toub nangd yab aot kangb，
窝扛阿剖埋少苟。
Aot gangb ad pout maib shaox goud.

见了老祖有纸送，烧纸送钱又敬酒。
烧纸变成钱钱用，烧送老祖拿在手。

6.

几窝尼头亚尼抗，
Jit aot nib toud yad nib kangb，
窝拢见汉窝补恩。
Aot longb jianb hanb aot bud gie.
列扛阿剖没吉上，
Leib gangb ad pout meit jib shangx，
苟追没得少苟用。
Goud zhuix meib deib shaox goub yongt.

不烧便是纸片片，用凭火化成金银。
烧送老祖得钱财，赶快把钱收在身。

7.

几窝腊尼头，
Jid aot lab nib toub，
窝扛阿剖埋少苟。
Aot gangb ad pout maib shaox goud.
窝拢尼汉窝补恩，
Aot longb nib hanx aot bud giet，
阿剖蒙少没苟用。
Ad pout mengb shaox meit goud yongt.

不烧便是纸，烧了成钱交在手。

烧了就化成金银，日后用钱不操心。

8.

咱约阿剖次背叫，

Zad yod at pout cid beid jiaob,

补奶背叫补奶比。

But liet beid jiaob bud liet bid.

列将阿剖吉克闹，

Leib jiangx ad pout jid gied laox,

吉克几让扛充齐。

Jid gied jid rax gangb congt qib.

见了老祖倒身拜，三拜九叩谢神恩。

要请老祖看村寨，看看村寨可太平。

9.

阿剖就梅少吉克，

At pout jiud meib shaox jib ged,

吉克闹夺扛充白。

Jid ged laox hangd gangb congt bait.

背豆背炯列候克，

Beid dout beid jiongb leib he gied,

猛豆达腊记几白。

Mengb dout dab lad jix jid baib.

老祖抬眼看寨内，要看村寨送清白。

天火地火扫出去，灾星病痛消除也。

10.

阿就扛王难白常，

Ab jux gangb wangb nanb baib changd,

难到白常单昂见。

Nanb daox baib changb dand angb jiant.

交夫剖内扛板让，

Jiaot fut bout neib gangb banb rangb，

灾松吧难休猛见。

Zait songt bab nand xiut mengb jianb.

一年到头难逢到，难逢难等到年边。

保佑一村老年少，灾星祸害要全免。

11.

没内转照图录弄，

Meib neib zhuanx zhaob tub nub nongd，

转照号弄秀王法。

Zhuanx zhaob haox nongx xiux wangb fab.

出内要总朴良松，

Chud neib yaox zongb bud liangb songt，

秀汉难中嘎弄加。

Xiux hanx nanb zhongt giad yangb jiad.

有人被绑在阶庭，绑在这里受王法。

做人总要有良心，受这灾难苦了他。

12.

候否吉忍列将那，

Houb woub jib rongd leib jiangx liax，

他锁他那将否见。

Tad sud tad liax jiangx woub jianb.

十五初一谷欧那，

Shi wut chud yib guob out liax，

将否列求斗冬拜。

Jiangx woub leib qiub dout dongt baib.

帮他要求送宽大，解锁脱枷放人走。

初一十五要敬他，犯人要拜土地头。

13.

没内会求弄桥单，

Qeib neib huix jiux longx qiaob dand，

求单弄桥害否偷。

Jiux dand longx qiaob hanb woub toud.

几忍列救否打判，

Jix rongd leib goux woub dab paid，

求桥会挂害久否。

Jiux qiaob huix guax hanb jiub woub.

有人走上阴桥边，要往黄泉路上走。

要求放了这人转，若是不放便会死。

14.

窝头几忍退常闹，

Aot toub jix rongd tuix changb laox，

退否常闹单冬豆。

Tuix woub changb laox dand dongt dout.

能爬洗向要几到，

Nongb bax xid xiangt yaox jit daox，

周先周木达起溜。

Zhoub xiand zhoub mub dab kid liud.

烧纸要求退下来，退他魂魂转凡间。

要敬家祖才保安，加福加寿才安然。

15.

那炯那乙浪声达，

Liab jiongb liab yib niangb shongt dax，

阿冲内共阿冲拔。

At chongt neib gongb at chongt bax.

汉弄想蒙嘎养洽，

Hanb nongd xiangt mengt giad yangd qiax，

列扛斗冬候保沙。

Leib gangb doud dongt houx baod shad.

七八月内哭声大，一男一女丧黄泉。

这等事情真可怕，要求寨祖保平安。

16.

那便那照兵背斗，

Liab biat liab zhaox biongb beid deb,

背斗图汉窝加浓。

Beid deb tub hanx aot jiat liongt.

到汝斗冬拢吉候，

Daox rux doub dongt longb jib hex,

吉候冬内叉兔兄。

Jib hex dongt neib chad mianx xiongx.

五六月份要防火，防止火灾乱烧天。

土地老祖消灾祸，保佑全村得安然。

17.

阿高麻让列交夫，

Ab gaod mab rangx leib jiaox fud,

交夫嘎扛召车乖。

Jiaod fud giad gangb zhaob ched giut.

到状单久夫鲁鲁，

Daox zhangb dand jiut fud lub lub,

几抱吉大汝窝拍。

Jid beb jid dad rux aot pat.

那些青年要小心，小心莫送惹事情。

官司到头祸不轻，打架斗殴伤人身。

18.

列拢斗冬嘎打梅，

Leib niongb doud dongt giad dad meib,

少将打梅兵窝中。

Shaox jiangx dad meib biongb aot zhongb.

师夫埋列召豆克，

Sit fut maib leib zhaob doub gie,

求梅吉上求打绒。

Jiux meib jib shangx jiux dat rongb.

　

要和土地借神马，放了神马出马坊。

师父上前我跟他，上马赶快走天堂。

19.

剖嘎打梅埋腊扛，

Pout giad dad meib maib lab gangb,

扛汉打录拢打梅。

Gangb hanx dab lub longb dad meib.

梅穷梅滚麻汝藏，

Meib qiongx meib gongb mab rux zongx,

藏梅吉上寿几为。

Zongx meib jib shangx shet jid weib.

　

我们借马老祖允，又送神驴送神马。

红马黄马骑送稳，骑马上路走天涯。

20.

师夫求梅求上上，

Sit fut giub meib jiux shangx shangx,

仙妹求梅寿几林。

Xiand meix giub meib shet jid liongb.

藏汉打梅寿出忙，

Zangx hanx dab meb shet chub mangb,

几林列求打便猛。

Jid liongb leib giub dab biat mengb.

师父上马上得快，仙妹上马跑得急。

骑这快马跑出站，天宫之上走一回。

五、上天的坡

1.

催录催梅吉上会,

Cuit lub cuit meib jib shangx huix,

吉上催录催打梅。

Jib shangx cuit lub cuit dab meib.

师夫召豆喂召追,

Sit fut zhaob doub weib zhaob zhuix,

列求打便浪窝得。

Leib qiub dad biat nangb aot deib.

催马催驴快快走,赶快催驴又催马。

师父在前我在后,要上天堂走天涯。

2.

催录催梅会上上,

Cuit lub cuit meib huix shangx shangx,

几图吉用挂猛够。

Jid tub jib yongx guax mengb goud.

几炯会单苟阿狼,

Jid jiongx huix dand gouda ab nangb,

咱汉打棍吉苟苟。

Zad hanb dat giongt jib goud goud.

催驴催马走得快，半云半雾去得远。
一同走了路一半，见那凶鬼现恶脸。

3.

师夫候隔召阿告，
Sit fut houb geb zhaob ad gaox,
嘎扛否咱几剖埋。
Giad gangb boub zad jid meib maib.
几单到比列吉巧，
Jid dant daox bid leib jib qiaox,
吉巧嘎扛否休善。
Jib qiaox giad gangb boub xiud shait.

师父隔鬼一边去，不让恶鬼见我们。
低头莫抬看着地，不让鬼头来现身。

4.

几炯会送阿得补，
Jib jiongx huix songx ad deib bub,
阿得补踏溜溜善。
Ad deib bub tax liub liub shait.
藏梅剖埋列吉古，
Zangx meib bout meib leib jid gux.
吉古扛虫达起见。
Jid gux gangb chongx dab kid jianb.

一同来到一道坡，一道天坡高又长。
骑马要抓马鞍索，抓稳鞍座心不慌。

5.

求补打梅阿休弄，
Qiux bub dab meib ad xiut longx,
单弄台齐吉久梅。

Dand longx tieb qit jiub meib.

到喂师夫莎想兄，

Daox weib sit fut sad xiangt xiongx，

想洞列兄几没拍。

Xiangd dongt leib xiongx jid meib peid.

上坡神马一身汗，汗水湿透马全身。
连我师父力都欠，想歇一下都不能。

6.

几炯求单补阿狼，

Jid jiongt qiub dand bub ad nangb，

走汉达柔吉偏偏。

Zoub hanx dab roub gud piant piant.

加起加写抓帮扛，

Jiad qit jiad xied zhad bangb kangb，

抓闹地狱常几单。

Zhad laox dib yib changb jid dand.

一路上到半坡达，碰到岩板安得偏。
那些坏人推落下，堕下地狱回不转。

7.

吉克闹夯干嘎度，

Jid gied laox hangb zad gad dub，

几滚吉昂你当夯。

Jid gongb jid angb nit dangd hangb.

干苟干绒休腊休，

Gianb goud gianb rongb xut lab xut，

干格干昂超见江。

Gianb ged gianb aongb chaot jianb jiangt.

往下看去见云雾，漫天云雾在下方。

看见山岳无边处，看见海洋水汪汪。

8.

几朴难猛冬棍求，

Jid bub nanb mengb dongt giongt jiux,

想冬难求打绒让。

Xiangd dongt nanb jiux dad rongb rangb.

达用内话害喂偷，

Dab yongx neib pub hanx weib toud,

想召汉拢炯松慌

Xiangd zhaob hanb longd jiongx songt fangt.

商量懒去上天界，心想难去天堂走。

答应主家我受难，想这苦情我心忧。

9.

师夫纵包洞列求，

Sit fut zongx baod dongx leib jiux,

能内浪列洞内包。

Nongb neib nangb leib dongx neib baod.

嘎忙纵想草剖搂，

Giad mangb zongx xiangd caot boud loub,

没剖师夫候打交。

Meib bout sit fut houx dab jiaod.

师父紧讲要上去，吃人的饭由人讲。

莫要紧想太费力，有我师父把坛掌。

10.

求补单约阿休弄，

Jiux bub dand yod ad xiut longx,

单弄台齐欧牙年。

Dand longx tiet qit ed yab nianb.

吉古打梅用久绒，
Jid gud dad meib yongx jiub rongb,
求送比补将久善。
Jiux songx bid bub jiangx jiux shait.

上坡出了一身汗，汗水湿透我的衣。
骑这神马我力欠，上登坡头我心喜。

六、过鬼井地

1.

比补没约炯奶溜，

Bid bub meib yod jiongb leit liub,

炯奶得牙炯你弄。

Jiongb leit deit yab jionx nit nongd.

尼纵拢单苟吾偷，

Nib zongb longb dand goud tout wub.

服召冬豆见见弄。

Fud zhaob dongt dout jianx jianx nongb.

坡头上有七口井，七个仙女守井泉。

是人到边灌水饮，饮水往事忘了完。

2.

剖奶内虐列嘎岔，

Bout leib neib nub leib giad cax,

嘎忙服汉迷魂水。

Giad mangb fud hanb mib hunb tangd.

师夫埋列候吉卡，

Sit fut maib leib hex jib kad,

交夫苟扛剖清吉。

Jiaod fud goud gangb bout qingd jib.

我们凡夫莫沾边，莫去饮这迷魂水。
师父招呼得安然，招呼我们大吉利。

3.

炯奶刘溜没头扛，
Jiongb leit liub liub meib toud gangb，
扛见扛嘎亚扛酒。
Gangb jianb gangb giax yax gangb jiud.
亚窝头浪亚窝抗，
Yab aot toub nangd yab aot kangb，
窝扛刘溜埋少苟。
Aot kangx liub liub maib shaox goud.

七个守井有钱送，送她冥币敬她酒。
又烧纸来当钱用，烧送守井仙女收。

4.

几窝尼头亚尼抗，
Jid aot nib toub yax nib kangx，
窝拢见汉窝补恩。
Aot longb jianb hanx aot bud gieb.
列扛列溜没吉上，
Leib kangx leib liub meib jib shangx，
苟追没得少苟用。
Goux zhuix meib deib shaox goud yongt.

不烧便是纸片片，用凭火化成金银。
要送守井来领钱，日后花费不操心。

5.

几窝腊尼头，
Jid aot lab nib toud，
窝扛刘溜埋少苟。

Aot kangx liub liub maib shaox ged.

窝拢尼汉窝补恩，

Aot longb nib hanx aot bud gieb,

刘流蒙少没苟用。

Liub liub mengb shaox meit ged yongt.

不烧便是纸，烧送守井的人收，

烧了变成金和银，日后花费不操心。

七、过化生子地

1.

挂约窝溜再列会，

Guax yod aot liub zaix leib huix，

会会亚单得刘油。

Huix huix yab dand deit liub yub.

几度得得你吉追，

Jid dub deit deit nit jib zhuix，

几不吉祥会处如。

Jid bub jib jiangx huix chub rub.

过了井泉还要走，再走就到牧场边。

好多娃儿跟在后，成群结队走成团。

2.

麻林口汉把炯走，

Mab longb kout hanx bat jiongb coud，

麻休头莎炯处如。

Mab xut toux sax jiongx chub rub.

莎尼汝内汝骂首，

Sax nib rux neib rux max soud，

冲召把奶秀苦足。

Chongb zhaob biat leit xiux kud zub.

大的孩童挖草根，小的娃儿烤糠火。
都是好母好父生，拿得短棍死短魔。

3.

咱剖拢单几葡岔，

Zad bout longb dand jix bux chax，

嘎弄述苦白吾格。

Giad nongx sux kud bid wut giet.

亚昂内浪亚昂骂，

Yax angb neid nangb yax angb max，

几到内酷否打奶。

Jib daox neid kut wub dad leit.

见了我们都拢来，嘴上诉苦流眼水。
哭父哭母不得见，没人心疼他们悲。

4.

麻林列酷麻休得，

Mab longb leib kut mab xut deit，

阿那列酷汉得苟。

Ad nat leib kut hanx deit goud.

埋尼冲召窝把奶，

Maib nib chongb zhaob aox bad leid，

达起走汉灾松口。

Dab kix zoub hanb zait songt koud.

大的关心小的爱，大哥关爱小弟乖。
你们命短受了难，这才身受这苦灾。

5.

得得吉交背召抓，

Deit deit jix giaod beit zhaob zhax，

剖列交夫汝打梅。

Bout leib jiaod fud rux dab meib.
嘎扛召固打梅抓，
Giad gangb zhaob gub dab meib zhax，
嘎扛抓梅召得得。
Giad gangb zhax meib zhaob deit deit.

娃儿都拢脚后跟，我们注意这神马。
莫送马伤娃儿身，不要遭受马脚踏。

6.

早业得得扛见嘎，
Zaox nianb deit deit gangb jianb giax，
窝头窝抗扛得休。
Aot ted aot kangx gangb deit xut.
休松阴功阿瓦挂，
Xiut songt yind gongd ad wab guax，
休汝阴德炯苟虐。
Xiut rux yind deb jiongx goud leib.

悲见娃儿送冥币，烧这纸钱送小孩。
要修阴功免苦累，修这阴德造福天。

7.

到头到抗列几白，
Daox teb daox kangx leib jit beit，
麻林列扛麻休单。
Mab xut leib gangb mab xut dand.
嘎忙吉踏嘎吉车，
Giad mangb jib dax giad jib cheid
几酷吉汝达起见。
Jib kut jib rux dab kix jianb.

得钱得币拿去分，大的要送小的些。
不要逞强来抢争，相亲相爱才火热。

八、过送酒的地方

1.

催录催梅吉上会，

Cuit lub cuit meib jib shangb huix

吉上催录催梅猛。

Jib shangx cuit lub cuit meib mengb.

得得包召你吉追，

Deit deit baod zhaob nit jib zhuix,

干格吉上求打绒。

Gand gieb jib shangx qiux dat rongb.

催马催驴快快走，赶快催驴又催马。

师父在前我在后，要上天堂走天涯。

2.

会会亚单板柔面，

Huix huix yab dand band rout mianb,

板柔麻面嘎养筐。

Band roub max mianb giad yangb kuangt.

板昂板酒板出占，

Band angb band jiud band chub zhanb,

板锐板列板几羊。

Band ruit band leix band jid yangb.

前面走到大岩板，岩板实在是很宽。
摆肉摆酒一大片，摆饭摆菜摆成排。

3.

巴代送酒送昂求，

Bad deit songx jiud songx angb qiub,

送酒送列求打便。

Songx jiud songx leib qiub dat biat.

送你号弄板出抽，

Songx nit haox nongd band chub zhoub,

板照号弄板出踏。

Band zhaob haox nongd band chub tat.

巴代送酒送肉地，送酒要送上天堂。
送到天堂摆这里，摆在这里岩板上。

4.

出棍能元列送求，

Chub giongt nongb yuanb leib songx qiux,

送求号弄扛棍能。

Songx qiux haox nongd gangb giongt nongb.

能元旧休相蒙就，

Nongb yuanb jiux xoud xiangt mengb jiux,

板照号弄苟几朋。

Band zhaob haox nongd goud jid pengb.

祭祀余供送天涯，送到这里供神吃。
剩的酒饭臭味大，摆在这里一大堆。

5.

没棍共叉苟吉留，

Meib giongt gongx chad goud jib liub,

共色共炮留出潮。

Gongx sed gongx paox liub chud chaob.

棍西棍客尼吉旧，

Giongt xid giongt gieb nib jib jiux，

列能几到单巴鸟。

Leib nongb jid daox dand bat niaob.

有鬼抬叉来守卫，抬枪抬炮守得严。
很多饿鬼来嗅味，要吃不得到嘴边。

6.

汉弄向蒙加就达，

Hanb nongd xiangt mengt jiad jiux dab，

窝他向蒙加就养。

Aot tab xiangt mengt jiad jiux yangb.

剖埋少猛苟扛挂，

Bout mengb shaox mengb goud gangb guax，

会挂窝得麻加想。

Huix guax aot deib mab jiad xiangd.

这些真的实在臭，真的实在臭得很。
我们赶紧往前走，走过这里才满心。

7.

打梅西锐几空会，

Dab meib xit riut jid kongb huix，

打录几空豆窝闹。

Dad lub jid kongb doub aob laox.

列扛打梅阿特锐，

Leib gangb dad meib ad teid riut，

扛锐扛列达起闹。

Gangb riut gangb leix dab qix laox.

神马饿了不肯走，神驴不肯动脚行。
要喂马粮吃在口，吃饱驴马才起身。

8.

吉上扛锐扛打梅，

Jib shangx gangb riut gangb dab meib,

打梅能抽叉猛见。

Dab meib nongb choub chad mengb jianb.

剖埋吉上求宗梅，

Bout maib jib shangx qiux zongb meib,

催梅吉上寿几台。

Cuit meib jib shangx shex jid taib.

赶快喂马饲料吃，驴马饱肚才肯走。
我们上马往前去，催马赶快往前游。

九、过果园地

1.

催录催梅吉上会，

Cuit lub cuit meib jib shangx huix，

吉上催录催打梅。

Jib shangx cuit lub cuit dad meib.

列猛打便棍浪追，

Leib mengb dad biat giongt nangb zhuix，

列求打绒棍浪得。

Leib qiub dad rongb giongt nangb deib.

催马催驴快快走，赶快催驴又催马。

师父在前我在后，要上天堂走天涯。

2.

会单窝得麻汝养，

Huix dand aot deib mab rux yangb，

会送窝得麻汝克。

Huix songx aot deib mab rux gied.

崩挂崩李豆出忙，

Bengb guab bengb lid doud chud mangb

崩岭崩穷豆几借。

Bengb liongb bengb qiongx doud jid jiet.

走到这里实在美，花园里面百花开。
百花齐开多美丽，万紫千红天上天。

3.

绒崩绒背向蒙同，

Rongb bengb rongb beid xiangt mengt dongx,

绒背绒够向蒙筐。

Rongb beid rongb goux xiangt mengt kuangt.

尼内莎腊将克红，

Nib neib sad lab jiangb gied hongx,

尼纵见见嘎养江。

Nib zongb jianx jianx giab yangd jiangb.

花果神园美又鲜，又美又鲜又宽广。
是人都非常爱看，大众欢喜悦心肠。

4.

背挂背李见白图，

Beid guab beid lid jianb bied tux,

背然背绕见出潮。

Beid rab beid raob jianb chud zhaob.

窝背窝够向蒙汝，

Aod beid aod goux xiangt mengt rux,

尼内克干哈吾鸟。

Nib neib kied gianb had wut niaob.

桃子李子挂满树，栗子梨子挂满枝。
这些水果挂水珠，是人看见口水流。

5.

几滚吉昂汝克足，

Jid gongb jid angb rux kied zub,

几岭吉穷汝克养。

Jid liongb jid qiongx rux kied yangb.

打豆儿拿打便汝，

Dad dout jib nab dat biat rux,

冬豆儿拿打便浪。

Dongt dout jib nab dat biat nangb.

紫红蓝绿真好看，万紫千红放光彩。

凡间不如上天界，凡尘哪能盖上天。

6.

想洞列溜阿召崩，

Xiangd dongt leib liud ab zhaod bengb,

亚洽师夫苟喂车。

Yab qiab sit fut goud weib cheb.

难秋几娘想妄昏，

Nanb qiout jid niangb xiangd mangb fengb,

几到嘎忙苟虐写。

Jid daox giad mangb goud leib xied.

心想要摘一朵花，又怕师父骂我们。

心中喜爱不能耍，贪求不上苦花心。

7.

打便浪崩溜几到，

Dad biat nangb bengb liud jib daox,

王母娘娘没纵克。

Wangb mux niangb niangb meib zongb kied.

扛克几没内溜到，

Gangb kied jid meib neib liud daox,

几扛几奶出吉白。

Jib gangb jib lianx chud jid beib.

上天的花不能摘，王母娘娘有人守。

只准观赏摘不得，不准何人把花偷。

8.

师夫催剖吉上会，
Sit fut cuit bout jib shangx huix,
吉上会挂绒崩猛。
Jib shangx huix guax rongb bengb mengx,
师夫召豆剖召追，
Sit fut zhaob doub bout zhaob zhuix,
列求苟娄岔亡人。
Leib qiub goud loub chad mangb renb.

师父我们赶快走，赶快走过这花园。
师父在前我跟后，往前赶去找亡仙。

十、来到鼓场

1.

几炯会送窝堂拢，

Jib jiongx huix songx aot tangb longb,

会送堂拢几吼豆。

Huix songx tangb longb jit hout dout.

吉话窝声达冬咚，

Jid huax aot shongt dab dongt dongb.

声拢声岔嘎养楼。

Shongt longb shongt chad giad yangb loub.

我们走进打鼓堂，打鼓堂内响鼓声。

咚咚鼓声很响亮，中鼓边鼓闹沉沉。

2.

炯奶得拔麻松汝，

Jiongb leit deit biab mab songd rux,

炯图得葵松汝养。

Jiongb tub deit kuib songt rux yangb.

抱拢飘你弄召度，

Beb liongb piaod nit nongd zhaob dux,

豆岭豆穷朋猛况。

Doub liongb doub qiongx bengb mengd kuangt.

七个仙女真漂亮，七位姑娘乖得很。
打鼓飘在云端上，鼓槌打动众人心。

3.

得葵拢欧汝窝养，
Deit kuib longb ed rux aob yangb,
麻岭麻穷崩儿达。
Mab longb mab qiongx bengb jid dab.
抱拢汝牙亚汝羊，
Peb liongb rux yab yax rux yangb,
汝拔汝羊汝几良。
Rux pab rux yangb rux jid liangb.

姑娘花衣好模样，花朵美丽如云彩。
打鼓架子真漂亮，美貌好比桃花开。

4.

欧闹娄浪阿闹追，
Out laot loub nangb ad laob zhuix,
读拢读汝汝克足。
Dub longb dub rux rux kied zub.
最内吉克休提提，
Zuib neib jib kied xiud tib tib,
尼内尼总莎要服。
Nib neib nib zongb sad yaob fub.

两脚前边一脚后，跳鼓花样实在美。
人山人海密又厚，大众赞美不绝嘴。

5.

阿奶猛拢扛王报，
Ad leid mengb longb gangb wangb baox,
扛王固无阿奶拢。

Gangb wangb gut wub ad leid longb.
闹热嘎从通忙叫，
Laot reb giad congb tongt mangx jiaob,
尼内克干窝起兄。
Nib neib kied gianb aot qit xiongd.

一面大鼓圆鼓面，圆圆鼓面一大鼓。
闹热从早一整天，是人喜爱看打鼓，

6.

堂拢相蒙最林总，
Tangb longb xiangt mengt zuid liongb zongb,
窝拔窝浓久阿充。
Aob pad aob niongx jut ab congd.
窝得闹热嘎养同，
Aot deb laox reb giad yangb tongx,
窝秋闹热嘎养兄。
Aot quid laot reb giad yangb xiongd.

鼓堂齐聚多人众，男女老少人很多。
堂中闹热喜心中，堂内闹热人声呼。

7.

打梅儿得儿空会，
Dab meib jid deib jid kongx huix,
就没吉克莎王昏。
Jub meib jid kied sax wangb fengt.
再蒙弄儿浪吉记，
Zaix mengb nongt jib nangb jib jix,
纵休儿空会猛总。
Zongx xiud jid kongx huix mengb zongd.

神马眼看入心内，抬头眼看喜心中。

再你如何赶不去，硬是站着不肯动。

8.

打梅寿你弄嘎度，
Dad meib shet nit nongb giab dux
比齐窝抓藏嘎见。
Bit qix aox zhuax cangb giad jianb.
岔向列猛号几汝，
Chax xiangt leib mengb haox jib rux,
列求号几岔相先。
Leib qiub haox jix chax xiangt xiant.

神马立在云端上，四脚立在云端里。
催马要去找新亡，赶快催驴催马去。

9.

闹梅炯鸟苟吉崩，
Laox meib jiongt niaob goud jid bengx,
几者窝那扛梅寿。
Jid zhiet aox lab gangb meib shet.
嘎忙纵你号弄兄，
Giad mangb zongx nit hax nongd xiongx,
吉上剖列会猛豆。
Jib shangb bout leib huix mengb dout.

下马牵绳牵马走，用力牵马马才行。
不要在此多停留，赶快上马往前奔。

10.

催录催梅吉上会，
Cuit lub cuit meib jib shangx huix,
吉上催录催打梅。
Jib shangx cuit lub cuit dab meib.

列猛打便棍浪追，

Leib mengb dat biat giongt nangb zhuix,

列求打绒棍浪得。

Leib qiub dab rongb giongt nangb deib.

师父我们赶快走，赶快走过这鼓堂。

天上上面赶快搜，往前赶去找新亡。

十一、来到鼓场地

1.

会会亚单得够萨，

Huix huix yab dand deib geb sad，

够萨浪总阿充久。

Geb sad nangb zongb ab congb jut.

亚没窝浓亚没拔，

Yab meib aot niongx yab meib bab，

高拔高浓炯处如。

Aot bab aox niongx jiongx chub rub.

前面走到苗歌堂，唱歌的人实在多。

有男有女相对唱，男女大众聚成坨。

2.

阿奶够萨足汝洞，

Ad leib geb sad zub rux dongx，

阿图得葵汝萨养。

Ad tub deit kiub rux sad yangb.

洞萨中缪莎吉共，

Dongx sad zhongb moub sad jib gongx，

中缪吉共窝起想。

Zhongb moub jib gongx aot qit xiangd.

姑娘唱歌很好听，年青美貌歌声扬。
耳朵听歌钻进心，钻进心内动心肠。

3.

得萨得度溜溜充，

Dit sad deit dux liub liub congt，

声无声除溜溜见。

Shongt wub shongt chub liub liub jianb.

洞萨浪总莎王昏，

Dongx sad nangb zongx sad wangb fengt，

起写吉浪楼见块。

Kid xiex jib nangb loub jianb kuanx.

歌声言辞很清楚，音腔声调妙美云。
听歌的人多舒服，喜在眉头感动心。

4.

欧奶得葵吉报除，

Out leit deit kiud jid box chux，

补图得那吉报萨。

But tub deit nat jib box sad.

扛喂扛猛麻汝度，

Gangb weib gangb mengb mab rux dux，

扛拔扛浓窝起昂。

Gangb bab gangb niongx aot qix angb.

两个姑娘合声唱，三个男人同唱歌。
互相爱慕在心肠，我爱你来你爱我。

5.

阿奶够充谷奶除，

Ad leit ged congt guob leit chud，

阿图够充谷图友。

Ad tub ged congt guob tub youb.
汝汉声萨报声无，
Rux hanx shongt sad bod shongt wub，
打便嘎度莎几抽。
Dad biat giad dux sax jid choud.

一人引领十人唱，一个引头十个哼。
唱歌美韵如凤凰，唱得飘动舞彩云。

6.

剖内苟虐足苦红，
Bout neit goud nub zub kud hangx，
达求打便宽松养。
Dab jiux dat biat kuand songd yangb.
几没棍草苟吉龙，
Jid meib giongt caod goud jib longx，
吧汉灾松莎久刚。
Bab hanx zaid songd sax jiub gangt.

我们人间苦得很，死上天堂得宽心。
没有忧愁扰心灵，百样忧愁无踪影。

7.

打便浪内几年红，
Dad biat nangb neib jid niand hongx，
尼拔尼浓查棍草。
Nib bab nib niongx chab giongt caod.
久想打豆苟吉龙，
Jud xiangd dad dout goud jib longb.
吧汉然齐久打交。
Bad hanx rab qit jiub dab jiaod.

上天的人无忧虑，男女老少无忧愁。

不想天来不挂地，百样忧愁都没有。

8.

剖埋吉上会猛豆，

Bout maib jib shangx huix mengb dout,

嘎兄窝得麻够莎。

Giad xiongd aot deib mab goud sad.

列难阿奶麻窝头，

Leib nanb at leit mab aot ted,

求梅上会寿几他。

Qiub meib shangx huix shex jid dab.

我们赶快往前去，莫在这里多停留。

一个烧纸要跟随，上马奔去往前走。

十二、来到荡秋千的地方

1.

催录催梅吉上会，
Cuit lub cuit meib jib shangx huix,
吉上催录催打梅。
Jib shangx cuit lub cuit dad meib.
列猛打便棍浪追，
Leib mengb dat biat giongt nangd zhuib,
列求打绒棍浪得。
Leib qiub dab rongb giongt nang deib.

催驴催马赶快走，赶快走过唱歌堂。
天堂上面赶快搜，往前赶去找新亡。

2.

疗花就你弄嘎度，
Liaot huad jiub nit niongx giab dux,
窝青窝告巴格绒。
Aob qiongd aob gaox bad giet rongb.
窝青草闹寿不不，
Aob qiongd caod laob shet bub bub,
高拔高浓良几炯。
Gaob piab gaob niongx liax jid weit.

秋架立在云端处，秋千架上有龙角。
秋千滚动不停住，男女乘坐好舒服。

3.

比奶得葵炯阿告，

Bit leit deit kiut jiongx ad gaox,

比图得那炯阿苟。

Bit tub deit nat jiongx ab goud.

得那将萨苟埋窝

Deit nat jiangb sad goud maib aox,

将扛得葵埋少友。

Jiangb gangb deit kiub maib shaox youb.

四个姑娘好模样，四个小伙坐一排。
小伙用歌逗挑唱，逗挑姑娘接歌言。

4.

疗花草闹同青尼，

Liaot huad caos laox tongb qiongd nib,

不内儿现弄便内。

Bub leib jib xianx niongx biat leit.

尼内拢欧先岁岁，

Nib neib longb ed xiant suix suix,

阿休渣汝几斗得。

Ad xiut chax rux jid doub deib.

秋千滚动如纺车，载人旋圈上云头。
是人都穿衣华丽，一身华丽光彩游。

5.

阿虐归天内拢汝，

Ad nub guit tiant neib liongx rux,

阿柔求猛弄欧先。

Ab roub qiub mengb niongd ed xiant.

每奶每久查高足，

Meib leit meib jiud cat gaot zub

尼内尼总头吉年。

Nib neib nib zongb toub jid nianb.

归天之日穿新衣，新鞋新裤新衣裳。

人人新装很华丽，是人大众精神爽。

6.

求单打绒棍草抓，

Qiub dand dab rongb giongt caox zhax,

求送号弄棍草然。

Qiub songx haox nongd giongt caox rab.

久斗窝得麻吉良，

Jub doub aot dib max jid liab,

久斗阿秋麻儿连。

Jub doub ad quid mab jid lianb.

上到天界无忧愁，上到天堂无祸殃。

没有忧虑拢心头，尽享极乐福寿康。

7.

疗花乙奶得况条，

Liaot huad yib leit deib kuangx tiaob,

乙奶况条况疗花。

Yib leit kuangx tiaox kuangx liaob huat.

疗花不内几吾告，

Liaob huad but neit jid wub gaox,

疗图不内苟几瓜。

Liaob tub bu neit goud jid guab.

秋千八个竹篾圈，八个篾圈套活木。

秋千载人坐上天，秋架载人转圈舞。

8.
出无够萨苟吉龙，

Chud wub ged sad goud jib liongb，

声够声除江几达。

Shongt ged shongt cub jiangz jid dab.

窝得闹热嘎养同，

Aot deib laot reb giad yangb tongb，

疗花窝秋同几良。

Liaot huad aob quid tongb jid liab.

又吆喝来又唱歌，声音响亮传远宽。

秋千场中人多乐，秋架场内心宽怀。

十三、找先祖堂

1.

师夫奈喂吉上会，

Sit fut naix weib jib shangx huix,

嘎忙兄召堂疗花。

Giad mangb xiongx zhaob tangb liaot huab.

窝头吉油告吉追，

Aot teb jid youb gaob jib zhuix,

嘎忙纵兄阿堂阿。

Giad mangb zongx xiongx ad tangb ad.

师父叫我快快走，莫紧停在秋千场。

烧纸的人跟在后，不要掉队在秋堂。

2.

会挂窝得疗花青，

Huix guax aot deib liaot huad qiongd,

会挂窝秋疗花得。

Huix guax aot qiub liaot huad deib.

以留西向你号弄，

Yid liub xid xiangt nit haox nongd,

意苟格补充热热。

Yib ged gid bub congt reb reb.

我们走过秋千地，走过秋场这一边。
先祖大堂在这里，先亡大殿在眼前。

3.

向剖向娘浪得炯，

Xiangt pout xiangt niangb nangd deib jiongx，

向内向骂浪得你。

Xiangt neib xangt max nangb deib nit.

柔剖柔乜你号弄，

Roub out roub niab nit haox nongd，

柔内柔骂号弄你。

Roub neib roub max haox nongd nit.

苗胞先祖的住处，苗人先亡的居地。
自古以来这里住，远古以来住这里。

4.

岔向列猛格留岔，

Chad xiangt leib mengb gid liub chax，

列嘎格补岔向先。

Leib giab gid bub chax xiangt xiant.

师夫走向列包牙，

Sit fut zoud xiangx leib baob yab，

苟度扑包闹凡干。

Ged dux pub baod laox fanb gand.

寻找新亡找这里，要到这里找新亡。
师父碰见报我意，报知我信把话讲。

5.

师父呀——

Sit fu tab—

虐西包喂窝求度，

Niub xit baod weib aot qiub dux,

虐满浪度扑窝求？

Niub manb nangb dux pub aot qiub?

见松见萨列蒙除，

Jianb songt jianb sad leib mengb chux,

没度列蒙候喂友。

Meib dux leib mengb houx weib youb.

扛喂汝够内浪度，

Gangb weib rux goud neib niangb dux,

扛牙喂传嘎几溜。

Gangb yab weib chuanb giad jid liub.

师父呀——

原来教我什么话，以前的话怎么讲？

传法送我你为大，有话什么代我讲。

让我好把话传下，传话不能讲扯谎。

6.

师父浪当候吉克，

Sit fut nangb dangt houx jid kie,

尼靠阿骂候几兵。

Nib kaob ab max houx jib boub.

扛喂汝朴苟包内，

Gangb weib rux pud ged baod neib,

扑闹凡干列扛中。

Pub laox fanx gand leib gangb zhongx.

师父准着把我看，望靠师尊看清楚。

让我好传下阳间，传下凡间才靠谱。

7.

几格比纵报夯告，

Jib gied bid zongb baod hangx gaox,

吉格夯告报打豆。

Jid gieb hangb gaox baod dat dout.

尼干窝求扑常闹，

Nib ganb aot qiub pub changb laox,

克干窝求列候友。

Kied ganb aot qiub leib houx youb.

看了左面看右面，看了上方看下方。

若是见了把话传，看见马上对我讲。

8.

剖召几奶浪标拢，

Bout zhaob jit leit nangb boud liongb,

剖召几奶浪标单。

Bout zhaob jit leit nangb boud dand.

吉标棍向吉少拢，

Jib bout giongt xiangt jib shaox liongb,

拢闹号弄扛剖传。

Liongb laox haox niongb gangb bout zhuanb.

我们从那凡间来，从那某某家中来。

他家先亡赶快来，来到这里把信带。

9.

阿奶牙连拢单会，

Ad leit yab lianb liongb dand huix,

牙妹牙英拢单弄。

Yab meix yab yngd liongb dand nongd.

尼埋棍向尼几尼？

Nib maib giongt xiangt nib jib nib?

达尼将否嘎会猛。

Dab nib jiangb wub giad huix mengb.

一个牙莲来到此，牙妹牙英到此间。
她是先祖是不是？若是叫她莫走开。

10.

剖共老力嘎老西，
Bout gongb laod lib giab laod xid,
共魁共发莎腊走。
Gongx kiub gongx fad sax lab zoub.
尼埋棍向列几最，
Nib maib giongt xiangt leib jib zuix,
难炯号弄嘎忙寿。
Nanb jiongx haox nongd giad mangb shex.

公公老力到老西，共魁共发都来了。
若是家祖我要聚，聚在这里不要跑。

11.

走汉棍向列窝头，
Zoub hanx giongt xiangt leib aot teb,
走汉棍西列窝见。
Zoub hanx giongt xid leib aot jianb.
窝扛向剖向乜苟，
Aot kangb xiangt bout xiangt niab ged,
向内向骂领头见。
Xiangt neib xiangt max lingd toub jianx.

碰到先祖要烧纸，碰到家祖要送钱。
交送家亡先祖收，先母先父领钱财。

12.

阿奶向先单苟娄，
Ad leit xiangt xiant dand goud loub,
阿图向西单几图。

Ad tub xiangt xid dand jid tub.

皮会皮昂儿空豆，

Pib huix pib angb jid kongx dout,

酷汉吉标浪得休。

Kud hanx jib bout nangb deit xiut.

加会走召打棍抱，

Jiad huix zoub zhaob dat giongt baod,

怕求绒让足几夫。

Pat qiub rongb rangx zub jid fut.

一个新亡到眼前，一位新魂这里等。
边走边哭流水眼，哭念家中的亲人。
差运阎王勾命来，永别人间上天庭。

13.

向先拢单列包葡，

Xiangt xiant longb dand leib baod bux,

尼葡窝求列包单。

Nib bux aot qiub leib baod dand.

扛喂汝传内浪度，

Gangb weib rux chuanb neib nangb dux,

苟度朴包闹凡干。

Ged dux pub baod laox fanb gand.

新亡你要把名报，名叫什么要报准。
让我好把凡间报，把话传下到凡尘。

14.

尼葡牙休牙二姐，

Nib bux yab xut yab erx jied,

牙便牙连否扑包。

Yab biat yab lianb wub pux baod.

扑扛几洞吉拿克，

Pub gangb jit dongt jib nab kied，
尼葡扑兵吾梅哨。
Nib bux pub wut boub meib yaox.

名叫牙休二姐喊，牙便牙连她报了。
报送凡间的人看，报名眼泪流不少。

15.

阿去常猛几夫红，
Ab qux changb mengb jib fux hongx，
久最得休苟加先。
Jut zuib deit xut ged jiab xiand.
窝斗几没内苟冲，
Aot doub jid meib neib ged chongx，
秀达几没内候年。
Xiux dab jit meib neib houx nianb.

当日归天心不服，缺欠亲人在身边。
牵手分别没人顾，永别遗嘱吞心间。

16.

兄头尼扛单纠干，
Xiongt toub nib gangb dand jiub ganx，
包报埋扛单纠中。
Bet bex maib gangb dand jiub zhongt.
查见弄欧锐吉单，
Chad jianb niongb ed riub jib dand，
照笑几单背照空。
Zhaox xiaox jib dand beit zhaob kongt.

衣服裤子送九件，寿被人送了九床。
洗体装束不怠慢，鞋子小了脚板长。

17.

炯中苟先你冬腊，

Jiongb zhongt goud xiand nit dongt lab,

乙会苟木你冬豆。

Yib huix goud mub nit dongt dout.

吉追子孙到茶他，

Jib zhuix zid sund daox chax tab,

出发出求发猛够。

Chub fat chub qiub fab mengb goudt.

七分生气在凡尘，八分生气留凡间。

发达兴旺好子孙，兴旺发达好后代。

18.

纠会腊从汝窝得，

Jiub huix lab zongx rux aot deib,

打绒吉木帮绒孺。

Dab rongb jib mub bangd rongb rux.

得拔得浓吉早没，

Deib biab deib niongx jib zaox meib,

猛见猛嘎到久足。

Mengb jianb mengb giax daox jiux zub.

九分龙脉在墓地，龙脉旺相好地方。

儿女发旺登头去，财源广进富登堂。

19.

几单背他龙背数，

Jid dand beid tab longb beid sux,

几单背数背他斗。

Jid danb beid sux beid tab doub.

列退几冬标归虐，

Leib tiut jit dongt boub giut niub,

退闹当夯儿冬豆。
Tiub laox dangd hangd jib dongt dout.

打开手指放生魂，打开手掌放魂归。
生魂放归生人身，好魂放附生人体。

20.

阿奶向先列嘎麻，
Ad leit xiangt xiant leib giad mab,
阿图向西列嘎抄。
Ad tub xiangt xid leib giad caod.
亚扛见浪亚扛嘎，
Yax gangb jianb nangd yax gangb giax,
扛锐扛列扛出乔。
Gangb riut gangb leix gangb chud qiaob.
斗你格留蒙到他，
Doub nit kid liub mengb daox tax,
出绒出潮长拢桥。
Chud rongb chub zaox changb longb qiaob.

一个新亡莫悲哀，一位新魂莫悲伤。
又送钱来又送财，送饭送菜到口尝。
坐在天堂成了仙，做龙做凤佑凡阳。

十四、找西天之地

1.

师夫奈喂吉上会，

Sit fut naib weib jib shangx huix，

嘎忙兄召堂疗花。

Gaid mangb xiongd zhaob tangb liaot huad.

窝头吉油告吉追，

Aot toub jib youb gaod jib zhuix，

嘎忙纵兄阿堂阿。

Giad mangb zongb xiongd ad tangb ad.

师父叫我赶快走，莫紧停在秋千场。
烧纸的人跟在后，不要掉队在天堂。

2.

会挂窝得疗花青，

Huix guax aot deib liaot huad qiongx，

会挂窝秋疗花得。

Huix guax aot quid liaot huad deib.

列求西天内苟猛，

Leib qiux xid tiand neib ged mengb，

西方浪秋充热热。

Xid fangd nangb qiub congt reb reb.

走过秋千的场地，走过坐秋的郎场。
找亡要往西天去，西方极乐好地方。

3.

阿录内苟莎筐红，
Ad lub neib goud sad kuangx hongx，
足汝猛苟麻筐得。
Zub rux mengb ged mab kuangt deib.
阿汉板苟尼铺恩，
Ad hanx band goud nib put engb，
板苟见见尼铺格。
Band goub jianb jianb nib put giet.

一条大路宽又广，宽广大道走西途。
金银铺在路道上，道路都是金银铺。

4.

窝处内苟没汝图，
Aob chux neib goud meib rux tux，
炯然炯苟图恩格。
Jiongx rab jiongx goud tub engb giet.
豆崩见背哈出不，
Doub bengb jianb beit had chub bud，
昂岭昂穷莎里革。
Angb liongb angb qiongx sax lit giet.

道路两边有宝树，七重七路树金银。
花果开结挂无数，万紫千红好风景。

5.

没汉吾当充腊充，
Meib hanx wut dangb congt lab congt，
充汝充透窝布格。

Congt rux congt tout aox bud giet.
列扛吾兄吾腊兄，
Leib gangb wut xiongd wut lab xiongd，
列扛吾充充热热。
Leib gangb wut congt congt reb reb.

见这池水清绿绿，清彻透明到池底。
随心冷热人舒服，冷热随人心事理。

6.

吾当吉浪没乙趟，
Wut dangb jib nangb meib yib tangx，
乙趟乙格筐汝养。
Yib tangx yib gieb kuangt rux yangb.
酷吾汝你难儿娘，
Kud wut rux nit nanb jid niangb.
窝松窝标快夫养。
Aot songd aot biaox kuait fud yangb.

七个池中有八宝，八宝八件好登头。
下到池中去洗澡，身心舒畅爽悠悠。

7.

没汉达录松配汝，
Meib hanx dab nub songt peit rux，
相蒙告他松配红。
Xiangt mengt aob tax songt peit hongx.
窝声尼难迷陀户，
Aot shongt nib nanx mib tuob fux，
汝洞板洞吉年风。
Rux dongx banb dongt jib nianb fengd.

又有鸟儿很美丽，真的美丽不得了。
叫声阿弥陀佛叙，遍满世界都叫好。

8.

西天浪内快夫红，

Xid tiant nangb neib kuaix fud hongx，

龙汉菩萨炯阿苟。

Longb hanx pub sab jiongx ab goud.

想能打奶单嘎弄，

Xiagd niongb dad leit dand giab nongx，

吧汉棍草莎几斗。

Bad hanx giongt caod sad jib doub.

西天的人享福也，诸佛菩萨皆护佑。
想吃想喝自然得，百样忧愁都没有。

9.

阿弥陀佛莎汝红，

At mit tuob fub sad rux hongx，

齐夫板汝否浪内。

Qib fud band rux wub nangb neib.

窝起想求自单送，

Aob qid xingd qiub zix dand songx，

半冬浪总否酷白。

Banb dongt nangd zongb wub kud beid.

阿弥陀佛好得很，普度众生心胸宽。
一切如意顺从心，宇宙四生他关怀。

10.

阿召崩汝豆纠从，

Ad zhaod bengb rux doub jiub congb，

纠从豆汝纠品莲。

Jiub congb doub rux jiut pint lianb.

阿从欧从求吉弄，

Ad congb out congb qiux jib niongx，

补从比从求猛善。

But congb bit congb qiux mengb shait.

便从照从罗汉炯，

Biat congb zhaox congb luob hant jiongx，

炯从乙从菩萨见。

Jiongb congb yib congb pub sat jianb.

求单纠从登头红，

Qiux dand jiub congb dend toub hongx，

见佛见圣见神仙。

Jianb fub jianb shenx jianb shenb xiand.

莲花开放分九品，上中下生九品莲。
一品二品为下生，三品四品中生来。
五品六品中生定，七品八品菩萨缘。
上到九品为上等，成佛证果胜神仙。

11.

阿奶向先你弄炯，

Ad leit xiangt xiant nit nongd jiongx，

阿图向西单西天。

Ad tub xiangt xid dand xid tiand.

炯单炯从乙从弄，

Jiongx dand jiongb congb yib congb nongd，

快夫到他头吉年。

Kuait fud daox tax toub jid nianb.

一个新亡坐这里，一位新故到西天。
往生七品八品地，快活极乐到永远。

12.

否想窝求打奶到，

Boub xiangd aot qiub dat leit daox，

否列窝求打奶拢。

Boub leib zaot qiub dat leit liongb.
头板宽松头热闹，
Toub banb kuand songd toub reb laox,
见汝兄仙你号弄。
Jianb rux xiongd xiant nit gaox nongd.

想要什么有什么，心想成就自然有。
无有悲苦只有乐，坐享极乐登了头。

13.

将埋几冬嘎吉良，
Jiangb maib jit dongt giad jib lab,
将埋吉追嘎草松。
Jiangb maib jib zhuix giad caot songt.
阿奶向先快夫达，
Ad leit xiangt xiant kuaid fud dab,
出绒出潮桥几冬。
Chud rongb chud ceb qiaob jib dongt.
扛埋苟虐莎到他，
Gangb maib goud nub sax daox tax,
出斗出他发达猛。
Chud dout chud tax fad dab mengb.

你们凡间莫挂念，凡间亲人莫操心。
新故亡者得安然，做龙做凤佑儿孙。
保佑后人享清泰，发达兴旺好前程。

14.

扛见扛嘎尼窝头，
Gangb jianb gangb giax nib aot toub,
扛锐扛列扛麻能。
Gangb riut gangb leix gangb mab niongb.
腊纵不葡洞剖苟，

Lab zongx bub pub dongt bout ged，
达尼汉拢久草松。
Dab nib hanx liongb jut caot songt.

送钱你们是烧纸，送饭送菜送吃的。
只是背名说领受，西方世界好安逸。

15.

炯中苟先你冬腊，
Jiongb zhongb goud xiand nit dongt lab，
乙会苟木你冬豆。
Yib huix goud mub nit dongt dout.
吉追子孙到茶他，
Jib zhuix zid songt daox chax tax，
出发出求发猛够。
Chub fat chub qiux fab mengb gout.

七分生气在凡尘，八分生气留凡间。
发达兴旺好子孙，兴旺发达好后代。

16.

纠会腊从汝窝得，
Jiub hux lab zongx rux aot deib，
打绒吉木帮绒孺。
Dab rongb jib mub bangd rongb rud.
得拔得浓吉早没，
Deob biab deib niongx jib zaod meib，
猛见猛嘎到出补。
Mengb jianb mengb giax daox chub bud.

九分龙脉在墓地，龙脉旺相好地方。
儿女发旺登头去，财源广进富登堂。

17.

几单背他龙背数，

Jid danb beit tab longb beid sux,

几单背数背他斗。

Jid danb beib sux beid tab doub.

列退几冬标归汝，

Leib tiub jit dongt boub guid rux,

退闹当夯几冬豆。

Tiub liaox dangd hangb jit dongt dout.

打开手指放生魂，打开手掌放魂归。

生魂放归生人身，好魂放附生人体。

18.

阿奶向先列嘎麻，

Ad leit xiangt xiant leib giad mab,

阿图向西列嘎抄。

Ad tub xiangt xid leib giad caot.

亚扛见浪亚扛嘎。

Yab gangb jianb nangb yax gangb giax,

扛锐扛列扛出乔。

Gangb riut gangb leix gangb chud qiaob.

斗你西天蒙到他，

Doub nit xid tiant mengb daox tax,

出绒出潮长拢桥。

Chud rongb chub cex changb liongb qiaob.

一个新亡莫悲哀，一位新魂莫悲伤。

又送钱来又送财，送饭送菜到口尝。

坐在天堂成了仙，做龙做凤佑凡阳。

十五、找天堂巴代的地方

1.

催录催梅吉上会，

Cuit lub cuit meib jib shangx huix，

吉上催录催梅猛。

Jib shangx cuit lub cuit meib mengb.

师夫召豆剖召追，

Sit fut zhaob doub boub zhaob zhuix，

吉油师父浪抗冬。

Jib youb sit fut nangb gangb dongt.

催驴催马快快走，赶快催驴又催马。

师父在前我跟后，跟着师父走天涯。

2.

几炯列求玉皇标，

Jib jiongx leib qiub yux hangb biaod，

吉难列猛玉皇得。

Jib nanb leib mengb yux huangb deib.

列求补谷补得苟，

Leib qiux but guob but deib goud，

补谷补得补为为。

But guob but deib but weib weib.

一同走到玉皇阁，我们到了玉皇城。
要上三十三重坡，三十三天绕祥云。

3.

油风油记阿苟猛，
Youb fengd youb jix ab goud mengb,
飘摇召度阿苟闹。
Piaod yaob zhaob dux ab goud laox.
休绒休潮休你弄，
Xut rongb xut cex xut nit nongd,
打绒狮子会几告。
Dab rongb shid zid huix jib gaod.

乘风乘雾一起去，驾雾腾云一起走。
龙灯狮子舞齐齐，狮子龙凤一起游。

4.

玉皇补求溜溜筐，
Yux hangb bub qiux liub liub kuangt,
求补玉皇溜溜头。
Qiub bub yux huangb liub liub doub.
格闹苟夯足善良，
Gieb liaox goub hangb zub shait liangb,
克闹记流几咱苟。
Kied iaox jit liub jib zad goud.

三十三条坡宽广，三十三条大高坡。
往下看去抖心肠，晕头眼冒金星多。

5.

打绒狮子你欧告，
Dat rongb shid zid nit out gaox,
欧告炯没汉狮子。

Out gaox jiongx meib hanx shid zid.

巴鸟几锐斗吉跳，

Bad niaob jib riub doub jib tiaox，

兵汉奶格吉苟苟。

Bout hanx leit giet jib goud goud.

龙凤狮子站两边，两边都安狮子雄。

张牙舞爪守两面，眼睛睁大真的凶。

6.

比奶天王莎雄红，

Bit leit tiand wangb sad xuongb hongx，

斗你比告流打便。

Doub nit bid gaod liub dat biat.

尼内猛单几干梦，

Nib neib mengb dand jid giand mengb，

尼总克咱莎收昂。

Nib zongb kied zad sax shoud angb.

加绒加棍娄苟桶，

Jiad rongb jiad giongt loub goud tongb，

阿腊加棍几干咱。

Ad lab jiad giongt jid giand zad.

四个天王好威风，坐镇四边守天堂。

是人都怕在心中，看见吓倒心慌张。

邪魔妖鬼不敢动，恶鬼凶神尽皆藏。

7.

苟录苟梅打虫会，

Goud lub goud meib dad chongx huix，

共色共炮会欧洽。

Gongt sed gongt paox huix out qiad.

猛乖藏梅同片记，

Mengb guaix zangx meib tongb piant jit,
共轿共汉乖林抓。
Gongt jiaot gongt hanx guaid liongb zhad.
猛拢猛炯抱背雷，
Mengb longb mengb jiongx baod beit leib,
三连几炮求打便。
Sand lianb jid paob qiub dat biat.

驴路马道走中间，刀枪两面站两排。
大官骑马跑得快，骑马抬轿坐高官。
大锣大鼓走前面，三连九炮衙门开。

8.

玉皇阿谷欧从吹，
Yux huangb ad guob out congb chuid,
牙蒙猛吹谷欧从。
Yab mengb mengx chuid guob out congb.
补奶背叫补奶比，
But leit beid jiaob but leit bid,
布吹叉扎求打绒。
Bud chuid chad gangb qiub dat rongb.

玉皇十二层门道，衙门要开十二层。
三拜九叩人去报，打开门扇往里行。

9.

补连猛冲布竹吹，
But lianb mengb chongt bud zhub chuid,
补排猛炮布猛竹。
But paib mengb paox bud mengb zhub.
亚次背叫亚抱比，
Yab cid beit jiaob yab baot bid,
三拜九叩叉单图。

Sand banx jiub kout chad dand tub.
咚！咚！咚！
Dongb！dongb！dongb！

三声炮号开了门，三连鸣炮开门了。
又跪又拜表心诚，三拜九叩诚心表。
咚！咚！咚！

10.

阿从欧从竹吹布，
Ad congb out congb zhub chuid bud,
补从竹吹布吉白。
But congb zhub chuid bud jib baid.
窝头扛埋刘吹无，
Aot toub gangb mai liub chuid wub,
到见到嘎苟儿白。
Daox jianb daox giax goud jib baid.

一层二层门开放，三层大门打开了。
烧纸送钱交手上，守门的人答应好。

11.

布当补从浪竹吹，
But dangb but congb nangb zhub chuid,
比从便从布猛初。
Bit congb biat congb bud mengb chud.
窝头扛埋麻刘吹，
Aot toub gangb maib mab liub chuid,
到嘎汝猛布板竹。
Daox giax rux mengb bud band zhub.
咚！咚！咚！
Dongb！dongb！dongb！

打开三层大门楼，四层五层要打开。
烧纸化钱交在手，守门得钱心喜欢。
咚！咚！咚！

12.

布当炯从竹吹当，
But dangx jiongb congb zhub chuid dangx,
乙从纠从莎布约。
Yib congb jiub congb sax bux yob.
当吹列窝头苟扛，
Dangb chuid leib aot toub goud gangb,
窝扛刘吹布板竹。
Aot gangb liub chuid bud banb zhub.
咚！咚！咚！
Dongb！dongb！dongb！

打开七层大门楼，八层九层都开了。
开门有钱送在手，守门得钱心想好。
咚！咚！咚！

13.

谷从猛吹布扛会，
Guob congb mengb chuid bud gangb huix,
谷阿谷欧布吹见。
Guob ad guob out bud chud jianb.
窝头苟扛棍刘吹，
Aot toub goud gangb giongt liub chuid,
到见到嘎吉年善。
Daox jianb daox giax jib nianb shait.
咚！咚！咚！
Dongb！dongb！dongb！

十层大门开了扇，十一十二都开门。

纸钱要送守门钱，守门得钱喜在心。

咚！咚！咚！

14.

阿谷欧连猛炮将，

Ad guob out lianb mengb paox jiangb,

布当阿谷欧从吹。

Bud dangb ad guob out congb chuid.

休闹会单标吉浪，

Xiud liaot huix dand bout jib nangb,

猛乖猛度炯你乙。

Mengb guaix mengb dux jiongx nit yit.

一十二声放大炮，打开一十二层门。

举脚走入来禀报，玉皇大帝坐龙厅。

15.

咱约玉皇次背叫，

Zad yod yux huangb cix beit jiaob,

背叫次召几娄乖。

Beit jiaob cix zhaob jid loub guaid.

猛乖苟度内长闹，

Mengb guaid goud dux neib changb liaox,

埋闹号拢岔求内？

Maib liax haox niongx chax qiub neib?

剖召几奶浪标到，

Bout zhaob jit leit nangb boud daox,

列闹号拢岔棍得。

Leib liaox haox niongb chax giongt deib.

见了玉皇要下跪，下跪叩拜大帝官。

玉皇开口把言叙，你们到此为何缘？

我从某家来此地，要到这里找新官。

16.

猛乖苟度内叉充，

Mengb guaix goud dux neib chad chongb,

抓葡几最炯欧番。

Chax bux jid zuib jiongx out fand.

棍空棍得炯出同，

Giongt kongt giongt deib jiongx chud tongb,

乖先乖西炯出连。

Guaid xiangd guaid xid jiongx chud lianb.

法高法胜你弄冬，

Fab gaod fab shengx nit nongd dongt,

法旺法魁亚法全。

Fab wangx fab kiub yax fab quanb.

达尼葡乖列扑兵，

Dab nib bud guait leib pub biongb,

扑兵叉到度麻单。

Pub biongb chad daaox dub mab dand.

候内传度列麻中，

Houx neib chuanb dux meib mab zhongd,

传度麻中闹凡干。

Chuanb dux max zhongd liaox fanb gand.

玉皇把话问分明，查名点字问两边。

七千祖师才来问，新官上任快出班。

名叫法高或法胜，法旺法魁又法全。

新到官名你答应，答应才好去通传。

把人传话要传真，传真传信下凡间。

17.

师夫苟度扑常闹，

Sit fut goud dux pud changb liaox,

否炯号弄到快夫。

Wub jiongx haox niongd daox kuait fud.

金童玉女莎没叫，

Jind tongb yux nvd sad meib jiaox,

官大一品林乖足。

Guand dax yib pind liongb guait zub.

将埋苟虐嘎吉桥，

Jiangb maib goud nub giad jib qiaob,

出发出求长补富。

Chud fat chub qiux changb bud fux.

师父把言传往下，他说到此很快活。

金童玉女很听话，官大一品享福乐。

传与儿孙心放下，发达兴旺增百福。

18.

炯中苟先你冬腊，

Jiongx zhongb goud xiand nit dongt lab,

乙会苟木你冬豆。

Yib hiud goud mub nit dongt dout.

吉追子孙到茶他，

Jib zhuix zid songt daox chax tax,

出发出求发猛够。

Chud fat chud qiux fad mengb gout.

七分生气在凡尘，八分生气留凡间。

发达兴旺好子孙，兴旺发达好后代。

19.

纠会腊从汝窝得，

Jiub huix lab zongx rux aot deib,

打绒吉木帮绒孺。

Dad rongb jib mub bangd rongb rud.

得拔得浓吉早没，

Deit biab deit niongx jib zaod meib,

猛见猛嘎到久足。

Mengb jianb mengb giax daox jiux zub.

九分龙脉在墓地，龙脉旺相好地方。
儿女发旺登头去，财源广进富登堂。

20.

几单背他龙背数，

Jid danb beid tad longb beix sux,

几单背数背他斗。

Jib danb beid sux beid tab doub.

列退几冬标归虐，

Lei tiub jit dongt boub giud nub,

退闹当夯几冬豆。

Tiub liaox dangd hangb jid dongt dout.

打开手指放生魂，打开手掌放魂归。
生魂放归生人身，好魂放附生人体。

21.

阿奶向先列嘎麻，

Ad leit xiangt xiant leib giad mab,

阿图向西列嘎抄。

Ad tub xiangt xid leib giad caod.

亚扛见浪亚扛嘎，

Yab gangb jianb nangd yab gangb giax,

扛锐扛列扛出乔。

Gangb riut gangb leix gangb chud qiaob.

斗你玉皇蒙到他，

Doub nit yux huangb mengb daox tax,

出绒出潮长拢桥。

Chud rongb chud cex changb liongb qiaob.

一个新亡莫悲哀，一位新魂莫悲伤。
又送钱来又送财，送饭送菜到口尝。
坐在天堂成了仙，做龙做凤佑凡阳。

十六、找最上层天

1.

催录催梅吉上会，

Cuit lub cuit meib jib shangx huix，

嘎忙兄召堂疗花。

Giad mangb xiongx zhaob tangb liat huad.

窝头吉油告吉追，

Aot toub jib youb gaod jib zhuix，

嘎忙纵兄阿堂阿。

Giad mangb zongx xiongx ad tangb ad.

赶驴赶马快些走，赶快离开秋千场。

烧纸的人跟在后，跟着要去找新亡。

2.

会挂窝得疗花青，

Huix guax aot deib liaox huad qiongx，

会挂窝秋疗花得。

Huix guax aot quid liaox huad deib.

列求林豆林且猛，

Leib qiub liongb dout liongb qued mengb，

林豆林且列猛客。

Liongb dout liongb qued leib mengb kied.

走过秋千场的地，行过打秋的地方。
要走林豆林且去，林豆林且找新亡。

3.

猛送林豆追竹吹，
Mengb songx liongb dout zhuib zhub chuid，
猛单林且追吹足。
Mengb dand liongb quex zhub chuid zub.
窝头乙——
Aot toub yit—
剖奶嘎忙猛报吹，
Bout leib giad mangb mengb baox chuid，
斗炯追吹当师夫。
Dout jiongx zhuib chuid dangd sit fut.

走到林豆大门外，走到大门外面了。
烧纸呀——
我们不要进里面，坐在外面等师报。

4.

师夫呀——
Sit fut ab—
虐西包喂窝求度，
Niub xid baod weib aot qiub dux，
虐满浪度扑窝求？
Niub mianb nang dux pud aot qiub?
见松见萨列蒙除，
Jianb songt jiangb sax leib mengb chub，
没度列蒙候喂友。
Meib dux leib mengb doux weib youd.
扛喂汝够内浪度，
Gangb weib rux ged neib nangb dux，
扛牙喂传嘎几溜。

Gangb yab weib chuanb giad jid liub.

师父呀——
原来教我什么话？以前的话怎么讲？
传法送我你为大，有话什么代我讲。
让我好把话传下，传话不能讲扯谎。

5.

林豆阿谷欧从吹，
Liongb dout ad guob out congb chuid,
林且猛吹谷欧从。
Liongb qued mengb chuid guob out congb.
补奶背叫补奶比，
But leit beid jiaob bu leit bid,
布吹又扛求打绒。
Bux chuid chad gangb qiub dat rongb.

林豆一十二层门，林且大门十二关。
三拜九叩才能行，开门让进到里边。

6.

达尼布吹列将炮，
Dab nib bux chuid leib jiangx paox,
亚列将炮亚窝头。
Yab leib jiangx paox yab aot toub.
列将阿谷欧连炮，
Leib jiangx ad guob out lianb paox,
窝头苟扛刘吹苟。
Aot toub ged gangb liub chuid ged.
咚！咚！咚！
Dongb! dongb! dongb!

若要开门先放炮，又放炮来又烧纸。

要鸣一十二声炮，烧纸交钱在门口。

咚！咚！咚！

7.

补连猛冲布竹吹，

But lianb mengb chongd bud zhub cuid,

补排猛炮布猛竹。

But paib mengb paox bud mengb zhub.

亚次背叫亚抱比，

Yab cid beid jiaob yab baot bid,

三拜九叩叉单图。

Sand baix jiut koux chad dand tub.

咚！咚！咚！

Dongb! dangb! dangb!

三鸣三炮开大门，三炮三声门打开。

三拜三叩表心诚，三拜九叩进里边。

咚！咚！咚！

8.

师父呀——

Sit fut ab—

布吹埋腊到苟会，

Bud chuid maib lab daox goud huix,

几炯会闹吹浪图。

Jib jiongx huix liaox chuid nangb tub.

列岔向先苟送列，

Leib chax xiangt xiant ged songx leix,

列岔向西扛含夫。

Leib chax xiangt xid gangb hanx fub.

咚！咚！咚！

Dongb! dongb! dongb!

师父呀——
开门你们才得进，一同走到门里边。
要找新亡把饭敬，要找新故心才安。
咚！咚！咚！

9.

阿谷欧连猛炮将，
Ad guob out lianb mengb paox jiangb,
布当阿谷欧从吹。
Bud dangb ad guob out congb chuid.
休闹会单标吉浪，
Xiud liaox huix dand biaob jid nangb,
会送林且浪标你。
Huix songx liongb quex nangb boud nit.

一十二声大炮响，开了一十二层门。
举步进入到大堂，进到林且家中寻。

10.

师父浪当候吉兑，
Sit fut nangb dangd houx jib kied,
尼靠阿骂候几兵。
Nib kaox ad max houx jib biongt.
扛喂汝朴苟包内，
Gangb weib rux pub ged baod neib,
扑闹凡干列扛中。
Pub liaox fanb gand leib gangb zhongd.

师父准着把我看，望靠师尊看清楚。   准着：方言，指认真。
让我好传下阳间，传下凡间才靠谱。

11.

几格比纵报夯告，

Jib gied bid zongb baod hangd gaox,

吉格夯告报打豆。

Jib gied hangb gaod baod dat dout.

尼干窝求扑常闹，

Nib ganb aot qiub pux changb liaox,

克干窝求列候友。

Kied ganb aot qiub leib houx youb.

看了左面看右面，看了上方看下方。
若是见了把话传，看见马上对我讲。

12.

阿奶牙便拢单会，

Ad leit yab biant liongb dand huix,

牙女牙袍拢单弄。

Yab nvd yab baob liongb dand nongb.

尼埋棍向尼几尼，

Nib maib giongt xiangt nib jit nib,

达尼将否嘎会猛。

Dab nib jiangb wub giad huix mengb.

一个牙便到前头，牙女牙袍到眼前。
是这新亡是不是？若是招呼莫走开。

13.

剖共光全嘎光会，

Bot gongd guangd quanb giad guangd huix,

共昌共贵莎腊走。

Gongt cangt gongt guix sax lad zoub.

尼埋棍向列几最，

Nib maib giongt xiangt leib jid zuib,

难炯号弄嘎忙寿。

Nanb jiongx haox nongd giad mangb shoux.

公公光全或光会，共昌共贵都来了。
若是家亡要面对，招呼他们莫乱跑。

14.

走汉棍向列窝头，
Zoub hanx giongt xiangt leib aot toub，
走汉棍西列窝见。
Zoub hanx giongt xid leib aot jianb.
窝扛向剖向乜苟，
Aot kangx xiangt pout xiangt niab ged，
向内向骂领头见。
Xiangt neib xiangt max lingd toub jianb.

碰到家祖要烧纸，碰到家先送钱财。
烧化纸钱交在手，家祖领受心喜欢。

15.

阿奶向先单苟娄，
Ad leit xiangt xiant dand goub loux，
阿图向西单儿图。
Ad tub xiangt xid dand jid tub.
皮会皮昂儿空豆，
Pib huix pib angb jid kongt dout，
酷汉吉标浪得休。
Kux hanx jid biaob nangb deit xiut.
加会走召打棍抱，
Jiad huix zoub zhaob dat giongt baod，
怕求绒让足儿夫。
Pad qiub rang brad zub jid fut.

一个新亡到前面，前面来了一新魂。
边走边哭泪满脸，挂念阳间的亲人。
大限到头受了难，千秋永别上天庭。

16.

向先拢单列包葡，

Xiangt xiant liongb dand leib baod pux，

尼葡窝求列包单。

Nib pux aot qiub leib baod dand.

扛喂汝传内浪度，

Gangb weib rux chuanb neib nangd dux，

苟度朴包闹凡干。

Ged dux pub baod liaox fanb gand.

新亡到边把名报，是叫某名要讲清。

让我传下凡间到，传下凡尘报儿孙。

17.

尼葡拔林拔四姐，

Nib pux biab linb biab six jied，

牙美牙英否扑包。

Yab meix yab yingd wub pux baod.

扑扛几洞吉拿克，

Pud gangb jit dongt jib nab kied，

尼葡扑兵吾梅哨。

Nib pux pud biongt wut meib xiaod.

名叫拔林拔四姐，牙美牙英她讲来。

传下真名用耳接，边报真名流泪眼。

18.

阿去常猛几夫红，

Ad qub changb mengb jid fut hongx，

久最得休苟加先。

Jiub zuib deit xut ged jiab xiand.

窝斗几没内苟冲，

Aot doub jid meib neib ged chongx，

秀达几没内候年。
Xiux dab jit meib neib houx nianb.

当日归天心中挂，挂念亲人没拢全。
一家大小丢不下，这样离别到永远。

19.

兄头尼扛谷欧干，
Xiongd toub nib gangb guob out tait,
包报埋扛单纠中。
Baod bet maib gangb dand jiub zhongt.
查见弄欧锐吉单，
Chax jianb niongd ed riub jid dand,
照笑几单背照空。
Zhaox xiaox jid dand beit zhaob kongt.

衣裤送了十二件，寿被你们送九床。
热水洗体又洗面，身体装束穿新装。

20.

便中苟先你冬腊，
Biat zhongt goud xiand nit dongt lab,
照会苟木你冬豆。
Zhaob huix ged mub nit dongt dout.
吉追子孙到茶他，
Jib zhuix zid songt daox chax tax,
出发出求发猛够。
Chud fat chub qiux fad meib gout.

五分生气在凡间，六分福气留子孙。
儿子清吉又平安，发达兴旺好前程。

21.

乙会腊从汝窝得，

Yib huix lab zongx rux aot deib,

打绒吉木帮绒孺。

Dab rongb jid mub bangd rongb rud.

得拔得浓吉早没，

Deib biab deib niongx jid zaox meib,

猛见猛嘎到久足。

Mengb jianb mengb giax daox jiud zub.

八分龙脉在墓地，龙脉地气旺得很。

儿孙满满有福气，福禄寿星喜盈盈。

22.

几单背他龙背数，

Jid dant beid tab longb beix sux,

几单背数背他斗。

Jid dant beid sux beid tab doub.

列退几冬标归虐，

Leib tiut jit dongt biaod guib niub,

退闹当夯几冬豆。

Tiux liaox dangd hangb jid dongt dout.

打开手指放魂退，打开手掌放生魂。

退转生魂得清吉，魂魂退转附儿孙。

23.

阿奶向先列嘎麻，

Ad leit xiangt xiant leib giad mab,

阿图向西列嘎抄。

Ad tub xiangt xid leib giad caod.

亚扛见浪亚扛嘎，

Yax gangb jianb nangb yax gangb giax,

扛锐扛列扛出乔。

Gangb riut gangb leix gangb chud qiaob.

斗你林豆蒙到他，

Dout nib liongb dout mengb daox tax，

出绒出潮长拢桥。

Chud rongb chub cex changb liongb qiaob.

一个新亡莫悲哀，一位新魂莫悲伤。

又送钱来又送财，送饭送菜到口尝。

坐在天堂成了仙，做龙做凤佑凡阳。

十七、烧纸，敬饭

1.

阿标棍向列吉无，

Ad boud giongt xiangt leib jib wub,

阿流浪向吉无单。

Ad liub nangb xiangt jid wub dand.

亚窝头浪亚难葡，

Yax aot toub nangb yax nanb pub,

窝头窝抗扛久埋。

Aot toub aot kangx gangb jub maib.

一家先祖要齐聚，一族祖宗聚拢来。

烧纸提名用心记，烧化纸钱送祖先。

2.

几窝腊尼头，

Jid aot lab nib tub,

窝扛向剖向乜苟。

Aot gangb xiangt pout xiangt niab ged.

窝拢腊尼恩，

Aot liongb lab nib engb,

向剖向乜埋苟用。

Xiangt pout xiangt niab maib ged yongt.

不烧便是纸，烧送祖宗领在手。
烧了变金银，先祖领钱喜在心。

3.

窝向窝头苟埋扛，

Aot xiangt aot toub ged maib gangb，

窝扛向剖向乜苟。

Aot gangx xiangt pout xiangt niab ged.

向剖向乜领吉上，

Xiangt pout xiangt niab lind jib shangx，

吉上少抱拢领头。

Jib shangx shaox baod liongb lind toub.

齐夫苟虐发出忙，

Qid fut ged niub fat chub mangb，

出岭出发闹苟娄。

Chub linb chub fat liaox goub loub.

烧纸金银把来送，烧送家亡先祖领。
家祖家宗得钱用，笑在眉头喜在心。
保佑儿孙发得重，发达兴旺人财登。

4.

几窝尼头亚尼抗，

Jid aot nib toub yax nib kangx，

窝拢见汉窝补恩。

Aot longb jianb hanx aot bud engb.

到约几白苟吉将，

Daox yod jid biet ged jib jiangx，

吉卡苟虐炯几冬。

Jib kax goud niub jiongx jit dongt.

不烧便是纸片片，用凭火化成金银。
得了去分去打散，保佑儿孙好前程。

5.

窝头再列扛吾斩，

Aot toub zaix leib gangb wut zaib，

吾斩冬腊扛棍向。

Wut zaib dongt lab gangb giongt xiangt.

你虐浪昂埋江才，

Nib niub nangb angb maib jiangx caib，

求他无吹强强江。

Qiub tad wub chuit qiangb qiangb jiangx.

烧纸还要送凉水，凡间凉水凉清泉。

在生之日爱凉水，归阴之后仍喜欢。

6.

吾斩冬豆莎汝红，

Wut zaib dongt dout sax rux hongx，

吾弄冬腊充热热。

Wut niongd dongt lab congt reb reb.

服约到卡亚到绒，

Fud yod daox kax yax daox rongb，

求他长想腊秋内。

Qiub tax changb xiangd lab quit neib.

凡尘清泉好得很，凡间凉水惹人爱。

甜在口中喜在心，归阴仍想这清泉。

7.

亚扛锐浪亚扛列，

Yax gangb riut nangb yax gangb leix，

扛锐扛列扛棍向。

Gangb riut gangb leix gangb giongt xiangt.

你虐窝昂埋腊列，

Nit niub aot angb maib lab leib，

到锐到列起叉江。
Daox riut daox leix qid chax jiangb.

又敬饭来又敬菜，敬饭敬菜送祖宗。
在生之日离不开，死后仍然挂心中。

8.

扛昂扛酒苟吉龙，
Gangb niab gangb jiud ged jib longb,
冲这服酒窝起渣。
Chongd zhed fud jiud aot qit chad.
能抽服数起叉虫，
Nongb choux fud sut qit hab chongx,
汝锐汝列扛埋沙。
Rux riut rux leix gangb maib sad.

敬酒敬肉一起敬，拿碗喝酒心中美。
酒醉饭饱心平静，好饭好菜敬供你。

9.

能抽齐夫闹苟夯，
Nongb choud qit fud liaox goub hangb,
吉卡苟虐扛发财。
Jib kax ged niub kangb fab caib.
见恩嘎格吾腊涨，
Jianb engb giad gieb wut lab zhangb,
出斗出他你凡干。
Chud dout chub tax nit fanb gand.

吃饱喝足要佑保，保佑儿子要发财。
五路财源滚滚到，发达兴旺坐凡间。

10.

首嘎气剖得气骂，

Soud giad qix bout deit qix max,

笔包楼归发猛冬。

Bib baod loub giud fad mengb dongt.

你气绒善包夯他，

Nit qix rongb shait baod hangd tax,

炯气古老浪前虫。

Jiongx qix gud laod nangb qianb chongb.

承根接祖靠儿孙，子孙后代发登天。

增福增寿坐长生，和那古老同寿元。

11.

向剖向乜你夯告，

Xiangt pout xiangt niab nit hangb gaox,

向内向骂炯绒补。

Xiangt neib xiangt max jiongx rongb bub.

加绒嘎扛闹标报，

Jiad rongb giad gangb liax bioud baob,

加棍嘎扛报标足。

Jiad giongt giad gangb baob bioud zub.

猛豆达腊休包召，

Mengb dout dab lab xud baod zhaob,

灾松吧难休兵竹。

Zait songt bad nanb xud biongt zhub.

见腊拢浪嘎腊到，

Jianb lab liongb nangb giad lab daox,

笔包楼归吉高初。

Bib baod loub giud jib gaod chud.

家宗家祖坐祖庭，先母先父坐上方。

凶神恶鬼不准进，妖鬼邪魔走慌张。

疾病灾祸不准侵，三灾八难退消亡。
钱也得来财也进，发达兴旺坐安康。

12.

能元休猛照阿告，

Nongb yuanb xut mengb zhaob ad gaox，

到见到嘎长猛见。

Daox jianb daox giax changb mengb jianb.

剖列催录几长闹，

Bout leib ciut lub jib changb liaox，

催梅列长闹凡干。

Ciut meib leix changb liaox fanb gand.

吃剩喝余收了去，领钱领供转天堂。
我们要转凡间地，骑马转身下凡阳。

十八、转回凡间

1.

催录催梅闹棍追，

Ciut lub ciut meib liaox giongt zhuix，

催梅会长闹冬豆。

Ciut meib huix changb liax dongt dout.

列炯窝头阿苟会，

Leib jiongx aot toub ad ged huix，

阿图汝内炯阿苟。

Ad tub rux neib jiongx ab goud.

师夫交夫你吉追，

Sit fut jiaod fud nit jib zhuix，

汝长汝闹几冬豆。

Rux changb rux laiox jid dongt dout.

催马离开离阴间，打马回转下凡尘。

一个烧纸要跟来，一位好人要紧跟。

师父招呼在后面，安全回转要太平。

2.

几炯长单堂疗花，

Jib jiongx changb dand tangb liaot huad，

吉龙长送疗花得。

Jib longb changb songx liaox huad deib.

嘎洞声无嘎洞萨，
Giad dongt shongt wub giad dongt sad,
吉上干苟闹冬内。
Jib shangx giand goud liaox dongt neib.

一路回到秋千地，我们回到秋千场。
莫听歌唱要转回，赶快回转下凡阳。

3.

会会长单窝堂拢，
Huix huix changb dand aot tangb liongb,
克拢浪总阿充久。
Kied liongb nangb zongb ad congt jub.
嘎忙兄照阿堂弄，
Giad mangb xiongt zhaob ad tangb nongd,
干格吉上会猛足。
Giand gieb jib shangx huix mengb zub.

转身回到鼓堂边，打鼓人众有无数。
我们急转下凡间，不在这里磨工夫。

4.

窝得够萨列嘎兄，
Aot deib geb sad leib giad xiongd,
堂萨浪秋列嘎岩。
Tangb sad nangb quid leib giad yuanb.
吉上干苟闹几洞，
Jib shangx giand geb liaox jit dongt,
催梅吉上闹凡干。
Ciut meib jib shangx liaox fanb gand.

回到歌堂莫停住，唱歌堂内休留停。
赶快打马驾云雾，催马赶快下凡尘。

5.

长单绒崩闹绒背，

Changb dand rongb bengb liaox rongb beid,

绒崩绒背佩腊佩。

Rongb bengb rongb beid peit lab peit.

剖埋催梅吉上会，

Bout maib ciut meib jib shangx huix,

吉上长闹凡干你。

Jib shangx changb liaox fanb giand nit.

急急回到花园地，忙忙转到花囤乡。

我们打马快过去，赶快回去下凡阳。

6.

窝得送昂列嘎挂，

Aot deib songx niab leib gangb guax,

几弯会挂板柔年。

Jid want huix guax band roub nianb.

飘汉卡昂旧加达，

Piaob hanx kad angb jiux jiad dab,

催梅吉上寿几台。

Ciut meib jib shangx shoux jid taib.

送肉送酒岩板处，绕过路途莫走边。

臭味冲天受不住，催马快快往前赶。

7.

油记油风会上上，

Youb jit youb fengt huix shangx shangx,

藏汉召度飘摇寿。

Congb hanx zhaob dux piaod yaob shoux.

几忙长单刘吾帮，

Jid mangb changb dand liub wut bangd,

刘流浪牙否忍头。

Liub liux nangb yab wub rongd toub.

窝头见恩苟否扛，

Aot toub jianb niongb ged wub gangb,

到见到嘎会猛豆。

Daox jianb daox gax huix mengb dout.

驾雾驾风转得快，腾云驾雾转得急。

不觉回转到井边，守井仙妹讨钱米。

我们快快烧纸钱，得钱在手笑嘻嘻。

8.

长单比补得善红，

Changb dand bid bub deib shait hongx,

吉豆闹夯善腊善。

Jit dout liaox hangb shait lab shait.

上难师夫候吉龙，

Shangx nanx sit fut houx jib longb,

封牙奶格嘎扛安。

Fengd yab leib gieb giad gangb ant.

回到坡头高万丈，不敢抬眼望眩晕。

快喊师父保护上，封闭眼睛头不昏。

9.

阿奶窝头冲吉汝，

Ad leit aot toub chongx jib rux,

交夫吉汝嘎扛崩。

Jiaod fud jib rux giad gangb mengb.

喂浪师夫洞汝度，

Weib nangb sit fut dongx rux dux,

吉冲窝头头板稳。

Jib chongt aot toub toub band wengd.

一个烧纸要保护，保护安全要稳当。
全靠阴间的师父，保护烧纸得安康。

10.

闹汉补善打梅用，

Liaox hanx bub shait dad meib yongx，

打梅抓汉度召果。

Dad meib zhuax hanx dux zhaob guod.

达为用猛打为总，

Dab weib yongx mengb dab weib zongx，

久忙达吾纵补豆。

Jud mangb dad wub zongx bux dout.

下这高坡神马飞，腾云驾雾下凡来。
不觉下到凡阳地，脚踏实地心才安。

11.

挂约窝得转嘎芭，

Guax yod aot deib zhuanb giad bax，

会挂窝得留打油。

Huix guax aot deib liub dab yub.

得休得苟儿抓挂，

Deit xut deit goud jid zhuab guax，

嘎扛否判炯挡苟。

Giad gangb wub pant jiongx tangx ged.

过了地方猪屎地，走过牧童地界了。
娃儿小孩要避开，不让他们来打搅。

12.

长单斗冬窝得炯，

Changb dand dout dongt aot deit jiongx，

长送斗补窝得你。

Changb songx dout bub aot deit nit.
退否打梅转吉虫，
Tiut wub dab meib zhuanb jib chongx，
转照追标扛能锐。
Zhuanb zhaob zhuix boud gangb nongb riut.

回到寨祖土地屋，转到土地的祠堂。
要退神马要牵住，套在后园的马坊。

13.

窝头窝向扛阿剖，
Aot toub aot xiangt gangb ad pout，
窝扛阿剖斗冬苟。
Aot gangb ad pout dout dongt ged.
亚扛锐列亚扛酒，
Yax gangb riut leix yax gangb jiud，
阿剖照寿汝产头。
Ad pout zhaox shoux rux chand toub.

烧香烧纸送土地，烧送寨祖土地神。
送酒送肉在屋内，老祖领受喜在心。

14.

阿剖交夫几让汝，
Ad pout jiaod fud jid rab rux，
灾松吧难休几齐。
Zaid songd bad nanb xiut jid qit.
出岭出乖发不不，
Chud liongb chud guaid fad bub bub，
阿让共让汝几最。
Ad rangb gongx rangb rux jid zuib.

老祖保护好村寨，灾难祸害全收跑。

全村清吉平安泰，清泰平安都见好。

15.

休照阿剖浪标闹，
Xiud zhaob ad pout nangb bioud laiox,
几炯长送号弄得。
Jib jingx changb songx haox nongb deib.
向剖向乜你夯告，
Xiangt pout xiangt niab nit hangb gaox,
师夫长送得打奶。
Sit fut changb songx deib dat leit.

我们从那祠堂转，一同回到主人家。
祖公祖婆坐上面，师父回去转老家。

16.

窝头窝抗扛师父，
Aot toub aot kangb gangb sit fut,
窝见窝嘎师夫苟。
Aot jianb aot giax sit fut ged.
苟追长充夫录录，
Goub zhuix changb congd fut lub lub,
吉龙仙妹阿苟休。
Jib longb xiand meix ad goud xiud.

烧香烧纸送师父，火化钱财领在手。
日后有请便来处，和我仙妹一路走。

17.

拢照号几长闹阿，
Liongb zhaob haox jit changb liaox ad,
长闹得充浪得你。
Changb liaox deib congd nangb deib nit.

亚扛见浪亚扛嘎，

Yax gangb jianb nangd yax gangb giax,

扛见扛嘎休几齐。

Gangb jianb gangb giax xut jid qit.

哪里请来哪里送，回转要去老家堂。

钱财香米领去用，收钱收米转回乡。

18.

剖拢告见剖莎汝，

Bout liongb gaod jianb bout sad rux,

仙妹吉久汝寿元。

Xiand meix jib jiud rux shoux yuanb.

出求出发岭不不，

Chub qiux chub fat liongx bub bub,

笔包楼归汝冬千。

Bib baod loub giud rux dongt qiant.

我来扛仙我也好，仙妹我也好寿元。

发达兴旺旺得高，发达发旺旺登天。

19.

阿奶窝头蒙汝葡，

Ad leit aot toub mengb rux bux,

出斗出他你补冬。

Chud dout chub tax nit bub dongt.

阿堂内弄见见汝，

Ad tangb neib nongd jianb jianb rux,

炯气古老浪前虫。

Jiongx qit gud laod nangb qianb chongb.

一个烧纸你也好，发达兴旺坐凡尘。

一堂众人也都好，延寿古老一般平。

20.

度标浪久发达汝，

Dud boud nangb jiud fad dab rux,

发达兴旺汝猛见。

Fad dab xind wangx rux mengb jianb.

发家发人发不不，

Fad jiad fab renb fad bux bux,

古老二万七千年。

Gud laox erx wanx qib qiand nianb.

主人家里发得快，发达兴旺到永远。

发家发人大团圆，古老二万七千年。

21.

仙妹喂将窝声萨，

Xiand meix weib jiangb aot shongt sad,

布蒙布梅吉克内。

Bud mengb bud meib jid kied neib.

窝求吧汉莎腊咱，

Aot qiub bad hanx sad lab zab

请记平安充热热。

Qingd jix pingd and congt reb reb.

仙妹我把歌声放，把这掩面布打开。

看清人间物百样，清吉平安到永远。

下篇

一、请师

1.

冬豆哈潮哈白这，

Dongt dout had zaox had baid zhex,

冬腊哈潮哈白乡。

Dongt lab had zaox had baid xiangd.

哈潮白这充仙妹，

Had zaox baid zhex chongt xiand meix,

哈潮白乡充香娘。

Had zaox baid xiangd chongt xiangt niangb.

冬豆运米满升碗，冬腊运粮满斗升。

运米满升请仙妹，运粮满斗请仙人。

2.

娘仙斗你达仇闹，

Niangb xiant dout nit dad choub liaox,

娘温斗炯吾板扎。

Niangb wend dout jiongx wut banb zhab.

苟萨充单蒙自闹，

Ged sad congd dand mengb zix liaox,

苟度充蒙单号阿。

Ged dux congd mengb dand haox ad.

娘仙就在达仇住，娘温坐在吾板扎。 达仇、吾板扎：地名。
拿歌来请你就到，拿话来聘你到家。

3.

娘祝充召绒大补，
Niangb zhux congt zhaob rongb dat bub,
娘苞充召绒补豪。
Niangb paox chongx zhaob rongb bub haot.
充列娘祝候几葡，
Congd leib niangb zhux houx jid pub.
充列娘苞候几照。
Congb leib niangb paox houx jid zhaob.

娘祝请从绒大补，娘苞请自绒补豪。 绒大补、绒补豪：地名。
请得娘祝帮起步，请得娘苞帮起跳。

4.

二妹炯你吾枫扎，
Erx meix jiong nit wut fengd zhab,
娘尼炯照流吾斩。
Niangb nit jiongx zhaob liub wut zaid.
浪萨充单蒙自达，
Niangb sad chongd dand mengb zix dab,
苟度充蒙自拢单。
Ged dux chongd mengb zix liongb dand.

二妹坐在吾枫扎，娘妮坐在流吾斩。 吾枫扎、流吾斩：地名。
闻歌一请你就到，用话请你就到边。

5.

仙娘斗炯得标提，
Xiant niangb dout jiongx deib boub tib,
仙女斗炯得标头。

Xiand nvd dout jiongx deit boud toub.
苟萨充牙拢单得，
Ged sad congd yab liongb dand deit.
苟度充蒙蒙拢豆。
Ged dux congb mengb mengb liongb dout.

仙娘坐在布屋里，仙女就坐纸屋中。
拿歌请你你就到，拿话聘你你就拢。

6.

炯奶师父七休穷，
Jiongb leit sit fut qid xiut qiongx,
炯图炯休欧牙岭。
Jiongb tub jiongb xiut out yab liongb.
斗你打便炯几纵，
Dout nit dad biat jiongx jib zongb,
打便几加打豆兄。
Dad biat jid jiab dat dout xiongd.
师父闹拢单几冬，
Sit fut liaox liongb dand jit dongt,
几炯少闹冬豆拢。
Jib jiongx shaox liaox dongt dout liongb.

七个师父七身红，七个七身绿色衣。
坐在阴间想地斗，天宫没有凡间温。
师父下来地斗走，列队凡间走一回。

7.

师父充单号拢炯，
Sit fut congb dand haox liongb jiongx,
香娘斗炯几纵兄。
Xiangt niangb dout jiongx jid zongb xiongd.
充单师父候吉龙，

Congd dand sit fut hous jib liongb,

香娘拢送候几冲。

Xiangs niangb nanb songb hous zit songt.

苟萨充蒙蒙自拢，

Ged sad congd mengb mengb zit liongb,

苟度难蒙蒙自松。

Ged dux nanb mengb mengb zit songt.

师父请来上坑坐，仙娘请坐地中心。

请来师父帮起步，仙娘来到帮起程。

拿歌请你你就到，拿话聘你你就拢。

8.

内没利西亚没潮，

Neib meib lix xib yax meib zaox,

亚没恩补龙钱果。

Yax meib niongb bud longb qianb guod.

休闹列猛棍冬闹，

Xiud liax leib mengb giongt dongt liaox,

一苟列求棍浪走。

Yis goud leib qiux giongt nangb zoub.

人有利什又有米，又有白银有冥钱。

启程去朝鬼路走，一同去走鬼魂山。

9.

香娘拢炯通内标，

Xiangt niangb liongb jiongx tongt neib boud,

仙女拢送内标你。

Xiand nvd liongb songx neib boud nit.

香娘拢单苟空抱，

Xiangt niangb liongb dand goud kongt baod,

仙女刘苟空抱起。

Xiand nvd liub goud kongt baod qid.

仙娘来坐别人屋，仙女来住别人家。
仙娘来到把空起，仙女起空手翻权。

10.
巴嘎阿得洽吉就，
Bad giax ad deib qiax jib jiub,
阿得巴嘎洽几告。
Ad deib bad giax qiax jib gaod.
拢单吉上候几求，
Liongb dand jib shangx houx jib qiub,
几求列闹棍浪号。
Jid qiub leib liaox giongt nangb haox.

把笆一根来倒插，揾把一根尖倒打。
来到指引忙拍跳，拍跳去上鬼魂家。

二、藏魂

1.

冬斗浪内棍草浓，

Dongt dout nangb neib giongt caod niongb,

冬腊浪内棍草久。

Dongt lab nangb neib giongt caod jut.

吉良列猛闹棍冬，

Jib liab leib mengb liaox giongt dongt,

纵秀叉求棍浪标。

Zongx xiux chad qiub giongt nangb boud.

凡间的人重忧虑，凡尘的人多忧愁。

忧虑才走阴间地，忧愁才上阴间游。

2.

香娘楼鸟嘎养然，

Xiangt niangb net niaob giad yangb rab,

仙妹楼鸟然拿同。

Xiant meix net niaob rab nab tongb.

几数到比扛见夏，

Jid sub daox bid gangb jianb xiat.

几数扛加中缪猛。

Jid sux gangb jiad zhongb moub mengb.

仙娘灵活像把刀，仙妹似刀刃聪明。
朦胧朦到蒙大脑，朦胧朦到大脑顶。

3.

阿斗几数蒙抱长，
Ad doub jib sux mengb baox changb,
阿斗吉洽奶格明。
Ad doub jib qiax leib gied mingb.
打斗打便几数上，
Dad dout dat biat jib sux shangx,
几冬扑度几没翁。
Jit dongt pub dux jid meib wengd.

一手蒙住我的心，一手挡住我的眼。
天地朦胧人不明，凡间的话听不见。

4.

阿斗吉洽通报没，
Ad doub jib qiax tongt baox meib.
阿斗吉洽背奶格。
Ad doub jib qiax beid leit giet.
冬豆打便莎数特，
Dongt dout dat biat sad sud teix,
几数藏梅求便内。
Jib sux zongx meib qiub biat neib.

还要朦胧我的面，还要封住我眼睛。
天地朦胧做一片，起车驾马上天庭。

5.

香娘照豆喂召追，
Xiangt niangb zhaob doub weib zhaob zhuix,
仙女召豆喂会猛。

Xiand nvd zhaob doub weib huix mengb.
吉油香娘阿苟会，
Jid youb xiangt niangb ad goud huix,
嘎忙几得求召红。
Giad mangb jid deib qiub zhaob hongx.
仙妹打标明提提，
Xiand meix dax biaox miongb tib tib,
仙女打标明汝风。
Xiand nvd dad biaox miongb rux fengx.

跟在仙妹的后面，仙女引我一路行。
仙娘脚步走得快，往前走去不能停。
点起火把才看见，仙女点亮好明灯。

6.

几烔会挂打从苟，
Jix jiongx huix guax dad congb goud,
求送阿苟亚欧从。
Qiux songx ad goud yab out congb.
求单弄图莎吉柔，
Qiux dand nongb tub sad jib roub,
求单吉弄明叉充。
Qiux dand jib nongx miongb zad congt.

一山上了一山上，走过一程接一程。
看到上层晶晶亮，到了上面亮晶晶。

7.

窝齐久嘎欧，
Aot qib jut giad oud,
嘎欧吉养报长兰。
Giad oud jib yangb baox changb lanb.
几烔会挂达从苟，

Jib jiongx huix guax dad congb goud，
阿苟亚求欧从善。
Ad goud yab qiux out congb shait.

剪刀不剪衣，裁衣要裁衣襟先。
上登一山又一地，一起要上二重山。

8.

刀候久弟兄，
Daot hout jut dix xiogt，
弟兄见汉刀候卡。
Dix xiongt jianb hanx daot hout kax.
阿苟让标亚让兄，
Ab goud rad boub yax rad xiongd，
让标列闹棍浪加。
Rad boub leib liaox giongt nangb jiad.

葫芦不离藤，离藤变个葫芦宝。
一同甲面去藏魂，藏魂鬼神不知晓。

9.

炯隔炯昂炯奶柔，
Jiongx geb jiongx niab jiongx leit roub，
炯隔炯奶柔红西。
Jiongx geb jiongx leit roub hongx xid.
吾溜闹猛嘎让标，
Wut leb liaox mengb giad rad boub，
吉白昂图让标归。
Jid baib nangb tub rab boub giud.

七个潭沟七岩板，七湖七个磨刀岩。
藏魂莫藏流水滩，藏魂莫藏翻转船。

10.

让标让照图录浪，

Rad boub rad zhaob tub nub nangd,

让照图录内几吼。

Rad zhaob tub nub neib jid hongx.

棍拢吉克几没干，

Giongt liongb jib kied jit meib ganb,

己嘎否岔腊几走。

Jib giab wub chax lab jid zoub.

树叶里面去藏魂，藏魂藏到树叶间，
别鬼不见神不明，己嘎己狞看不见。

11.

让别巴代窝这弄，

Rad boub bad dait aot zhex nongd,

侬达穷炯让别归。

Yib dab qiongx jiongx rad boub giut.

棍拢尼干窝卡穷，

Giongt liongb nib ganb aot kax qongx,

卡风卡度吉洽齐。

Kax fengt kax dux jib qiad qit.

巴代香炉去藏身，藏到巴代香炉内。
鬼神只见香烟糠，云雾缭绕总不歇。

三、起马

1.

阿奶吉记炯偶梅，

Ad leit jib jix jiongb oub meib，

阿斗列冲炯梅棍。

Ad doub leib chongx jiongb meib giongt.

用求打便棍浪得，

Yongx qiux dat biat giongt nangb deib，

几浪列求棍浪冬。

Jid nangb leib qiux giongt nangb dongt.

一人要赶七匹马，一绳七马都管住。

快马飞奔走天涯，跑在天上的路途。

2.

香娘照头喂照追，

Xiangt niang zhaob toub weib zhaob zhuix，

仙女起头照追拢。

Xiand nvd kid toub zhaob zhuix liongb.

梅穷炯喂照豆会，

Meib qiongx jiongx weib zhaob dout huix，

吉油仙绒阿苟猛。

Jib youb xiant rongb ad goud mengb.

跟在仙妹的后面，仙女在前我后跟。
仙妹骑的红马快，仙女在后驾马行。

3.

藏梅列闹棍浪让，
Zongx meib leib liaox gingt nangb rangb，
记梅列求棍浪冬。
Jix meib leib quix giongt nangb dongt.
久会列苟马边塘，
Jut huix leib ged mad biand tangx，
吉上列求棍冬猛。
Jib shangx leib qiux giongt dongt mengb.

骑马要去鬼的村，快马要走鬼的寨。
马鞭打马往前行，飞云走马走得快。

4.

列良打梅藏打录，
Leib liab dab meib zongx dab lub，
阿苟吉上闹豆猛。
Ad goud jib shangx liaox dout mengb.
棍空列猛棍浪无，
Giongt kongt leib mengb giongt nangb wub，
棍代列闹棍浪冬。
Giongt daid leib liaox giongt nangb dongt.

到此要把马换驴，一同快步下地行。
师父要去走鬼地，师尊要去找亡魂。

5.

阿斗列锐牙浪秋，
Ad doub leib riut yax nangb quid，
阿齐布当剖奶革。

Ad qib bud dangx bout leit giet.
求单打便咱内苟，
Qiubx dand dat biat zad neib ged，
打便扑度浪充热。
Dat biat pux dux nangd congt reb.

一手要开我的心，一手开光我的眼。
上到天宫不忘昏，天人讲话听得见。

6.

阿斗布当剖浪弄，
Ad doub bux dangx bout nangb nongd，
阿斗布当牙中缪。
Ad doub bux dangx yab zhongb moub.
克咱打便棍浪总，
Kied zad dat biat giongt nangb zongb，
汝候几冬苟度友。
Rux houx jit dongt ged dux youb.

一手打开我嘴舌，一手开光我耳听。
能与天魂把话说，要传天话报凡人。

7.

得苟借柔欧告面，
Deit goud jieb roub out giaox mianb，
内苟光汝嘎养平。
Neib goud guangd rux giad yangb pingb.
会挂阿让内窝占，
Huix gua ad rab neib aob zhaib，
会包阿让板竹登。
Huix baob ad rangb band zhub dengd.

两面光光岩小路，光光石板平展展。
经从一村门前过，走进一寨的门前。

8.

窝齐久嘎欧，

Aod qib jut giab oud，

嘎欧吉养报长兰。

Giab oud jib yangb baox changb lanb.

几炯会挂比从苟，

Jib jiongx huix guax bit congb goud，

阿苟亚求便从善。

Ab goud yax qiux biat congb shait.

剪刀不剪衣，先裁衣襟连胸带。

一同走过四山岭，一起又上五层来。

四、走阴

1.

阿录内苟久弟内，

Ad nub neib goud jut dit neib，

久弟内会纵几炯。

Jut dit neib huix zongx jib jiongx.

走内走总走几没，

Zoub neib zoub zongb zoub jid meib，

打奶列内打奶翁。

Dat leit leib neib dad leit wengd.

不断人行走一路，小路平平不断人。

遇魂没遇要讲出，各自要问各自明。

2.

告依阿录列嘎会，

Gaox yit ad nub leib giad huix，

告弄没公列嘎翁。

Gaox nongd meib goud leib giad mengb.

剖闹比桥阿交乙，

But laox bid qiaob ad jiaob yit，

催梅列闹比桥猛。

Ciut meib leib laox bid qiaob mengb.

那面那路不能去，这边的路不要走。
上天阴桥就在这，一同打马上桥头。

3.

阿苟会送比桥弄，
Ad goud huix songx bid qiaob nongd，
阿苟会单比轿得。
Ad goud huix dand bid qiaob deib.
藏梅求桥列扛稳，
Zongx meib qiux qiaob leib gangb wengd.
交夫嘎扛告吉白。
Jiaod fud giad gangb gaob jib beid.
比告没内打马钉，
Bit gaox meib neib dad mad dingd，
比洽没总冲打梅。
Bit qiad meib zongb chongx dab meib.

一起走到桥面处，一同来到桥面行。
打马过桥小心过，莫送桥翻踩送稳。
四边有人钉马柱，四面有人牵马跟。

4.

阿苟会挂比桥催，
Ab goud huix guax bid qiaob ciut，
阿苟会挂比桥猛。
Ad goud huix guax bid qiaob mengb.
列嘎流吾阿交乙，
Leib giab liub wut ad jiaob yit，
列挂流吾阿交拢。
Leib guax liub wut ad jiaob liongd.

一起牵马过桥走，一同牵马过桥奔。
流吾就在那一头，要往流吾这边行。

5.

拢单流吾吉克岔，

Liongb dand liub wut jib kied chax,

会送流吾将梅先。

Huix songx liub wut jiangb meib xiand.

炯奶炯图拔得牙，

Jiongb leit jiongb tub bab deit yab,

炯图得拔流吾斩。

Jiongb tub deit bab liub wut zaib.

来到流吾才看见，走到流吾才开眼。
七女手拿木瓢站，七位女鬼流吾斩。

6.

阿苟挂约流吾泡，

Ad goud gux yod liub wut paod,

阿苟会挂流吾斩。

Ad goud huix guax liub wut zaib.

求补牢砂牢柔闹，

Qiux bub laob sat laob rout laox,

求通苟林尼尼山。

Qiux tongt goud liongb nib nib shait.

一起走过流吾泡，一起走过流吾斩。
上坡滚落砂石抛，上登大岭泥捏山。

7.

求单召松求召惹，

Qiux dand zhaob songd qiux zhaob reb,

求送召惹求召岗。

Qiux songx zhaob reb qiux zhaob gangd.

召松最约大吧内，

Zhaob songt ziub yod dat bax neib,

召岗拔让没迷双？

Zhaob gangd bab rangx meib mib shuangd?

登上召松上召惹，登上召惹和召岗。   召松、召惹、召岗：地名。

召松人有大几百，召岗姑娘有几双？

8.

告弄内苟会几到，

Gaox nongb neib goud huix jib daox,

告阿内苟会几通。

Gaox ad neib goud huix jib tongt.

列猛板柔阿洽闹，

Leib mengb band rout ad qiad laox,

阿苟列会板柔猛。

Ad goud leib huix band rout mengb.

这条道路走不了，那边有路走不通。

要往板柔那边道，一起要走板柔中。   板柔：地名。

9.

阿苟会单板柔岭，

Ad goud huix dand band rout linb,

阿公会送板柔年。

Ad gongd huix songx band rout nianb.

猛单内苟几扑兄，

Mengb dand neid goud jid pud xiongd,

会送板柔兄阿先。

Huix songx band rout xiongd ad xiand.

一起走到板柔岭，一同走到板柔坪。   板柔岭、板柔坪：地名。

走到路中歇一阵，走到板柔歇一停。

10.

几窝腊尼头，
Jid aot lab nib toub，
窝约见汉窝补恩。
Aot yod jianb hanx aot bud niongb.
窝扛板柔浪棍苟，
Aot gangb band rout nangb giongt ged，
大戏到当嘎儿总。
Dat xit daox dangx giad moub zongd.

不烧便是纸，烧了之后变成银。
板柔的鬼来领受，大家分用要公平。

11.

剖埋嘎几兄楼红，
Bout maib giad jib xiongx loub hongx，
剖埋嘎纵兄楼弄。
Bout meib giad zongx xiongx loub nongd.
剖埋列猛棍浪炯，
Bout maib leib mengb giongt nangb jiongx，
剖埋列闹棍冬猛。
Bout maib leib laox giongt dongt mengb.

我们不要久休息，大家休歇不能久。
我们要去找鬼魂，我们要去鬼地游。

12.

然内浪苟蒙嘎兄，
Rad neit nangb goud mengb giad xiongx，
然那浪绒嘎几得。
Rad nab nangb rongb giad jid deib.
然内水篓几冬总，
Rad neit shuid loub jid dongt zongx，

然那水娄几冬内。
Rad nab shuid loub jid dongt neib.

蔽日坡上你莫歇，蔽月岭面莫停留。
蔽日阴暗捉魂魄，蔽月岭上把魂扣。

13.
绒就浪崩林拿这，
Rongb jiut nangb bengb liongx nab zhex,
窝背窝够林拿同。
Aot bid aox goux liongx nab tongb.
剖埋绒就苟夯会，
Bout maib rongb jiut goud hangb huix,
剖召绒背浪秋拢。
Bout zhaob rongb bid nangb quid liongb.

香蕉开花如碗大，果树结果大如斗。
香蕉树下莫多话，果子树下快些走。

五、上先祖堂

1.

干苟干绒充汝红，

Ganb geb ganb rongb congt rux hongx,

干板干腊同吾篓。

Ganb band ganb lab tongb wut loub.

克干相流浪让炯，

Kied ganb xiangt liub nangb rangb jiongx,

克干相仡浪让就。

Kied ganb xiangt yib nangb rangb jiut.

见山见岭见得清，见田见坝如水流。

见到相流的鬼村，见了相仡的木楼。

相流、相仡：天上的地名。

2.

干苟干绒充汝红，

Ganb geb ganb rongb congt rux hongx,

干图干拢样祥最。

Ganb tub ganb liongb yangx yangx zuib.

干单剖乜浪苟弄，

Ganb dand bout niab nangb goud nongd,

干约内笃浪图背。

Ganb yod neib max nangb tub beit.

见山见岭见得清，见竹见木见得明。
见到剖乜的山顶，见了内妈枫树坪。

3.

干约纪略汝让追，
Ganb yod jid leit rux rangb zhuib,
干约纪补足汝让。
Ganb yod jid bub zub rux rangb.
干苟几借良包借，
Ganb goub jid jieb lab baox jieb,
干苟摆汝同崩乡。
Ganb goub band rux tongb bengb xiangd.

见到纪略村寨好，见了纪补好家园。　　纪略、纪补：天上安置先祖的地方。
见山堆叠似蒸包，见坡摆设如斗连。

4.

窝求浪得嘎包会，
Aot qiub nangb deib giad baob huix,
吧汉浪得列嘎猛。
Bad hanx nangb deib leib giad mengb.
列包纪略浪无吹，
Leib baod gid liub nangb wub chuid,
列闹纪补浪得猛。
Leib laox jid bux nang deib mengb.

什么地方先莫去，百样场所先别走。
要到纪略走一回，要进纪补门里头。

5.

竹吹画汝姜古老，
Zhub chuid huax rux jiangd gud laod,
达炯吉苟背奶格。

Dab jiongd jib goud beit leit giet.
阿高夏善几敢抱，
Ad gaod xiat shait jid gand huix，
阿腊夏善几敢克。
Ad lab xiat shait jid gand kied.

楼门画个果老头，饿虎鼓起大眼睛。
别人胆小不敢走，那些小胆不敢行。

6.

浪当苟吹布达吾，
Nangb dangt goud chuid but dab wut，
浪当苟竹布几筐。
Nangb dangt goud zhub but jid kuangt.
嘎扛剖单喂把缪，
Giad gangb bout dand weib bab moub，
嘎扛剖召中缪浪。
Giad gangb bout zhaob zhongb moub nangb.

慢慢把门开开了，轻轻把门开得宽。
不要撞着眼眉毛，不要挂住我耳边。

7.

竹吹欧洽没内炯，
Zhub chuid out qiax meib neib jiongx，
没内抱留板竹舍。
Meib neib bex liub band zhub shed.
剖扛见恩达起空，
Bout gangb jianb niongb dab qix kongt，
扛见苟扛留吹内。
Gang jianb ged gangb liub chiud neib.

楼门两边有人坐，有人看守这楼门。
要送冥钱才让过，冥钱奉送守门人。

8.

几窝腊尼头，

Jid aot lab nib toub,

窝约见汉窝补恩。

Aot yod jianb hanx aot bud niongb.

窝扛留竹浪棍苟，

Aot gangb liub zhub nangb giongt ged,

大戏到当嘎几总。

Dat xit daox dangx giad jid zongd.

不烧便是纸，烧了就变坨坨银。

守门的人来领受，大家得钱莫相争。

9.

布竹布吹布上上，

Bud zhub bud chiud bud shangx shangx,

吉上布竹布吹拢。

Jib shangx bud zhub bud chiud liongb.

炯从竹吹莎布当，

Jiongb congb zhub chiud sad bud dangx,

炯从吹抱浪图猛。

Jiongb congb chiud bob nangb tub mengb.

开门你们开得快，赶快把门来打开。

七层楼门开七扇，七进楼门开起来。

10.

阿苟会挂板竹猛，

Ab goud huix guax band zhub mengb,

阿苟会挂竹吹棍。

Ab goud huix guax zhub chiud giongt.

林豆拢朋达冬冬，

Liongb dout liongb bengx dab dongt dongt,

林且拢朋汝窝声。

Liongb quex liongb bengx rux aot shongt.

一同进到楼门内，一起进了鬼楼门。

林豆鼓声咚咚擂，林且大鼓擂声震。　　　林豆、林且：大祖神住的地方。

11.

窝求浪得嘎包会，

Aot qiux nangb deib giad baob huix,

吧汉浪得列嘎猛。

Bad hanx nangb deib leib giad mengb.

列包纪略浪无吹，

Leib baob jid leib nangb wub chiud,

列闹纪补浪得猛。

Leib laox jid bux nangb deib mengb.

什么地方先不去，各处场所先别行。

要到纪略走一回，要去纪补走一程。

12.

猛单纪略浪吉标，

Mengb dand jid leib nangb jib boud,

猛送纪补标打虫。

Mengb songx jid bux boud dat chongb.

几奶猛岔几奶剖，

Jit leit mengb chax jit leit boud,

向剖向乜列岔兵。

Xiangt pout xiangt niab leib chax biongt.

进到纪略的房屋，走到纪补中堂厅。

各自去找各自祖，各自去找各自亲。

13.

阿苟猛单棍向让，

Ab goud mengb dand giongt xiangt rad,

阿苟会送棍向得。

Ab goud huix songx giongt xiangt deit.

向剖向乜你标浪，

Xiangt pout xiangt niab nit boub nangb,

向内向骂你标没。

Xiangt neib xiangt max nit boub meib.

一同走到先祖处，一起走拢先宗宅。

去找祖公和祖婆，先父先母在家没。

六、走花园

1.

香娘吉上赶苟会，

Xiangt niangb jib shangx gand goud huix，

仙女吉上会标标。

Xiand nvd jib shangx huix boub boub.

列猛绒崩克阿岁，

Leib mengb rongb bengb kied ad siux，

列闹绒背浪得老。

Leib laox rongb beid nangb deib laox.

仙娘快快赶路去，仙女快快急急行。

要去花园走一回，要往花果走一程。

2.

猛单绒崩窝得汝，

Memngb dand rongb bengb aot deit rux，

会送绒背窝得配。

Huix songx rongb beid aot deitb peit.

汝崩汝羊内江克，

Rux bengb rux yangb neib jiangb kied，

几岭吉穷你达乙。

Jid liongb jib qiongx nit dab yit.

去到花圃好地方，去到花圃美景地。
好花好美好张望，绿的红的在那里。

3.

崩岭崩穷配汝红，

Bengb liongb bengb qiongx peit rux hongx，

召召豆汝内江克。

Zhaod zhaod dout rux neib jiangb kied.

列溜阿召空几空，

Leib liud ad zhaod kongx jid kongx，

冬豆冬腊莎几没。

Dongt dout dongt lab sad jid meib.

红花绿花真的美，朵朵花开人爱看。
要折一枝依不依，人间没有这花开。

4.

几窝腊尼头，

Jid aot lab nib toub，

窝约见汉窝补恩。

Aot yod jianb hanx aot bud niongb.

窝扛留崩浪棍苟，

Aot gangb liub bengb nangb giongt goud，

大戏到当嘎几总。

Dad xit daox dangx giad jid zongd.

不烧便是纸，烧了就变坨坨银。
烧给守花来领受，大家拿去莫相争。

5.

阿苟会挂窝绒崩，

Ad goud huix guax aot rongb bengb，

阿公会挂绒崩弄。

Ad gongd huix guax rongb bengb nongd.

列猛窝得抱拢朋，

Leib mengb aot deib peb liongb pengx,

列闹抱拢浪得猛。

Leib laox peb liongb nangb deib mengb.

一同走过花园地，一起走过花圃处。
要走打鼓地方去，要去鼓场看鼓舞。

七、走鼓场

1.

阿奶拢棍欧然见，

Ad leit liongb giongt out rab jianx，

共工见汝教斗尼。

Gongb gongd jianb rux kiaob doub nib.

得拔奶奶莎抱板，

Deib biab leit leit sad beb banb，

叉单牙要喂拢水。

Chax dand yab yaox weib liongb shuid.

一个大鼓二路钉，共工钉好牛鼓皮。

姑娘一个打一轮，才到我来打一回。

2.

拢单号弄苟拢剖，

Liongb dand haox nongb goud liongb peb，

冲到窝豆溜溜浓。

Chongx daox aot doub liub liub nongb.

上抓上拢喂几搂，

Shangx zhuad shangx liongb weib jid lout，

拢免窝求几水涌。

Liongb miand aot qiub jid shiut tongd.

几管纵午欧得豆，

Jid guand zongx wut out deib doub,

嘎台得牙几鸟充。

Giad taib deit yab jid niaob congd.

来到这里把鼓打，鼓槌到手重得很。

快鼓快点不会耍，猴儿鼓式我不行。

不管好丑打两下，莫谈小妹我无能。

3.

窝拢就你干元地，

Aot liongb jiub nit gand yuanb boud,

自你号单勾拢舍。

Zib nib haox dand goud liongb shet.

列抱欧告炯洽玉，

Leib peb out gaox jiongx qiab yut,

得牙齐比足秋内。

Deit yab qib bid zub quid neib.

抱汝窝松吉旧比，

Peb rux aot songt jib jiux bid,

窝大古年周热热。

Aot dab jid nianb zhoud reb reb.

鼓场设在屋檐地，就在屋檐把鼓打。

打个二面七方齐，美女梳头眼看花。

雷神竖耳听鼓鸣，天神眉开笑哈哈。

4.

浪当抱拢无花样，

Nangb dangt peb liongb rux huad yangx,

声拢声抓桶几良。

Shongt liongb shongt zhuab peb jid liangb.

抱豆斗拢没内放，

Peb dout doub liongb meib neib fangd,

抱弟窝吹内见爬。

Peb dix aox tongx neib jianb pab.

慢慢打鼓摆花样，鼓点鼓边同声响。

打破鼓皮找鼓匠，打烂鼓桶有木匠。

5.

套拢阿柔剖乜岔，

Taox liongb ad roub bout niab chax,

阿剖姜公吉岔拢。

Ad pout jiangd gongd jib chax liongb.

抱单打便嘎养踏，

Peb dand dat biat giad yangb tax,

斗油斗爬勾拢封。

Doub yub doub biax goud liongb fengd.

打鼓套路先人教，阿剖张公定在先。

打到天上多套套，牛皮猪皮蒙鼓面。

6.

西昂棍尼能潮弄，

Xit angb giongt nieb nongb zaox nongd,

虐满棍爬能柔奶。

Nub mianb giongt biax nongb rub leit.

抽汉豆尼苟放拢，

Choud hanx doub nieb ged fangx liongb,

抱拢叉汝雷抱兰。

Peb liongb chad rux leib baod lanb.

从前牯牛吃小米，古代水牯吃高粱。

剥下牛皮蒙鼓皮，打鼓才胀好秋粮。

7.

嘎你堂拢窝得炯，

Giad nit tangb liongb aot deib jiongx，

嘎炯号弄窝得你。

Giad jiongx haox nongb aot deib bit.

剖列岔萨够阿中，

Bout leib chax sad geb ad zhongx，

赶秋列岔萨忙舍。

Gand quid leib chax sad mangb shet.

莫在鼓场这里逛，莫在这里多停留。

要走秋场把秋荡，坐秋歌唱喜心头。

八、走秋千场

1.

几炯冬送堂辽花，

Jib jiongx dongt songx tangb liaot huad,

阿苟会送辽花得。

Ad goud huix songx liaot huad deib.

得拔得浓汝够萨，

Deib biad deib niongx rux geb sad,

辽花炯汝乙奶内。

Liaot huad jiongx rux yib leit neib.

一起来到秋场地，一同走拢秋千场。

男女歌唱不停歇，荡秋旋转舞八方。

2.

阿奶辽花几奶旧，

Ad leit liaot hua jid leit jiub,

告告辽花几奶丧？

Gaox gaox liaot huad jid leit sangt?

尼内尼总几叟周，

Nib neib nib zongb jid sout zhoud,

吉年窝踏奶奶江。

Jid nianb aob tax leit leit jiangb.

这个秋千何人建？两边秋架谁人搭？
是人大众都称赞，喜爱荡秋人人乐。

3.

得图单你背苟闹，

Deit tux dand nit beid goud laob,

单你苟闹背苟善。

Dand nit goub laob beid goub shait.

图共内叉都吉告，

Tub gongx neib chad doud jib gaob,

吉难列旧辽花先。

Jib nanb leib jiux liaob huat xiant.

旧你绒朋得抱照，

Jiub nit rongb pengb deib baox zhaod,

得拔得浓周果先。

Deit bab deit niongb zhoud guot xiand.

小树长在山坡高，长在山坡高山岭。
古树才被人砍倒，相议要竖秋架行。
起在后园小山坳，青年男女笑盈盈。

4.

阿内麻旧尼虐炯，

Ad neit mab jux nib nub jiongd,

阿大莎尼窝虐嘎。

Ab dax sad nib aot nub giat.

得雄少拢打戏炯，

Deit xiongt shaox liongb dat xit jiongx,

剖埋吉上拢几达。

Bout maib jib shangx liongb jid dab.

得最吉曳周红红，

Deit ziub jib soud zhoud hongx hongx,

得牙吉年周哈哈。

Deit yab jib nianb zhoud hab hab.

起工那天是虎日，那早日脚又属鸡。
苗胞先人都来凑，我们大家都来齐。
男人喜欢笑开口，女人欢喜笑嘻嘻。

5.
炯单几图苟萨涌，
Jiongx dand jid tub goud sad yongd，
炯单吉弄将萨够。
Jiongx dand jib nongx jiangd sad geb.
弄剖埋列将扛兄，
Niongt bout maib leib jiangb gangb xiongd，
达细吉年足几叟。
Dat xit jib nianb zub jid sout.

坐上秋千要唱歌，坐到秋梁把歌唱。
求你众人放下我，大家欢乐喜洋洋。

九、走阎王殿

1.

香娘剖列吉上会，

Xiangt niangb boub leib jib shangx huix,

吉上列干窝内苟。

Jib shangx leib gand aot neid goud.

列闹阎王棍浪追，

Leib laox yuanb wangb giongt nangb zhuix,

列抱阎王否浪标。

Leib baox yuanb wangb wut nangb boud.

仙娘我们赶快走，急忙要去赶路程。

要走阎王屋里头，要去阎王的家门。

2.

号几浪苟嘎报会，

Haox jit nangb goud giad baob huix,

窝求浪处嘎报猛。

Aot qiub nangb chux giad baob mengb.

列猛半竹阎王追，

Leib mengb band zhub yuanb wangb zhuix,

列闹竹吹阎王冬。

Leib laox zhub chiud yuanb wangb dongt.

哪里的路都莫走，何处地方也莫行。
要走阎王屋里头，要走阎王的鬼门。

3.

　　几窝腊尼头，
　　Jid aot lab nib toub，
　　窝约见汉窝补恩。
　　Aot yod jianb hanx aot bud niong.
　　窝扛留竹浪棍苟，
　　Aot gangb liub zhub nangb giongt ged，
　　大戏到当勾猛用。
　　Dat xit daox dangx goud mengb yongt.

　　不烧便是纸，烧了就变坨坨银。
　　烧送灵官来领受，放行要走阎王庭。

4.

　　刘吹浪棍到约当，
　　Liub chiud nangb giongt daox yod dangx，
　　刘竹浪总到补恩。
　　Liub zhub nangb zongb daox bud niongb.
　　开苟扛剖闹吉浪，
　　Kait goud gangb bout laox jib nangb，
　　剖列会闹浪图猛。
　　Bout leib huix laox nangb tub mengb.

　　灵官部下把钱收，灵官部属收了银。
　　让开大路我们走，我们要去大河寻。

5.

　　会单豆吾浪码头，
　　Huix dand dout wut nangb mad toub，
　　会送猛吾阿告单。

Huix songx mengb wut ad gaob dand.

纠得猛吾篓吉抱，

Jiub deib mengb wut loub jib baob,

纠叉猛吾篓几产。

Jiub chad mengb wut loub jib chanx.

炯昂扛稳嘎扛炮，

Jiongx angb gangb wengd giad gangb paox,

炯汝吉稳嘎扛反。

Jiongx rux jib wengd giad gangb fand.

去到大河河码头，去到大河的岸边。

九叉大溪水汇流，九条大河汇成川。

坐船都要把心留，稳坐船头莫送翻。

6.

几窝腊尼头，

Jid aot lab nib toub,

窝约见汉窝补恩。

Aot yod jianb hanx aot bud niongb.

窝扛八昂浪棍苟，

Aot gangb bad angb nangb giongt ged,

大戏到当勾猛用。

Dat xit daox dangx goud mengb yongt.

不烧便是纸，烧了变成银。

烧送撑船人领受，烧给撑船的人分。

7.

阿苟挂约吾穷昂，

Ab goud guax yod wut qiongx angb,

阿苟炯挂吾弄得。

Ab goud jiongx guax wut niongx deib.

克干阎王浪让挂，

Kie ganb yuanb wangb nangd rangb guax,

克干阎王浪让内。

Kied ganb yuanb wangb nangd rangb neib.

一起过了水红河，一同渡过红河水。

看见阎王村子角，看见阎王阴鬼地。

8.

阿苟会单阎王让，

Ab goud huix guax yuanb wangb rang,

阿公会送阎王冬。

Ad gongd huix songx yuanb wangb dongt.

几娄巴代苟戏呛，

Jid loub bad deit ged xix qiangx,

吉浪没内午打绒。

Jib nangb meib neib wub dat rongb.

欧洽板竹没棍将，

Out qiad band zhub meib giongt jiangd,

休纵出排汝威风。

Xiud zongb chub paib rux weid fengd.

香娘打虫会急挡，

Xiangt niangb dad chongb huix jib tangb,

求咱阎王列嘎崩。

Qiub zad yuanb wangb leib giad bengb.

喂浪师夫休出忙，

Weib nangb sit fut xiud chub mangb,

吉卡交夫你号弄。

Jib kax jiaod fud nit haox nongd.

到了阎王阴间地，一起到达阎王村。

门前巴代在唱戏，门内坪坝舞龙灯。

两边门庭有守卫，守门的鬼鼓眼睛。

仙娘走从中间去，去见阎王心莫惊。

仙娘师父保护你，仙女随你一起行。

9.

阿勾会单阎王无，

Ab goud huix dand yuanb wangb wub,

阿公会送阎王让。

Ab gongd huix songx yuanb wangb rangb.

旧标出排嘎养汝，

Jiub boud chub paib giad yangb rux,

纠挡猛标匡腊匡。

Jiub tangx mengb boud kuangt lab kuangt.

比洽比斗标先图，

Bit qiad bit doub biaod xiant tub,

比方便告交崩香。

Bit fangd biat gaox jiaod bengb xiangt.

克干阎王英雄足，

Kied ganb yuanb wangb yingd xiongb zub.

把抓把尼休出胖。

Bab zhax bab nib xiud chub bangx.

一起来到阎王处，一同走到阎王村。

起屋成排有鬼住，九间大殿宽得很。

四盏红灯挂四柱，三方四面雕花纹。

看到阎王好威武，前帮后手显威灵。

10.

几窝腊尼头，

Jid aot lab nib toub,

窝约见汉窝补恩。

Aot yod jianb hanx aot bud niongb.

窝扛判官小鬼苟，

Aot gangb pant guand xiaod giud ged,

大戏到当勾猛用。

Dat xit daox dangx goud mengb yongt.

不烧是白纸，烧了成金银。

判官小鬼来领受，刑官小鬼拿去分。

11.

布竹得棍列吉上，

Bud zhub deit giongt leib jib shangx，

阿谷欧从竹吹猛。

Ad guob out congb zhub chiud mengb.

巴抓把尼莎布当，

Bad zhuax bad nib sad bux dangx，

布汉竹吹谷欧从。

Bud hanx zhub chiud guob out congb.

小鬼快点把门开，一十二层开楼门。

左右慢慢开起来，十二门扇两边分。

12.

布竹浪总休见猛，

Bud zhub nangb zongb xiud jianb mengb，

刘吹浪总休见长。

Liub chiud nangb zongb xiud jianb changb.

叉将剖闹浪图拢，

Chax jiangx bout laox nangb tub liongb，

叉报浪标咱阎王。

Chax baod nangb boud zad yuanb wangb.

守门小鬼得了钱，守门鬼将得了银。

才将楼门来打开，才得走进见阎君。

13.

会单阎王浪标报，

Huix dand yuanb wangb nangb boud baob，

会报阎王浪竹吹。

Huix baod yuanb wangb nangb zhub chiud.
阎王炯良阿图闹，
Yuanb wangb jiongx liab ad tub laox，
奶格吉见鸟吉垂。
Leib gied jit jianb niaox jib chuib
咱约阎王次背叫，
Zad yod yuanb wangb cid beit jiaob，
补奶背叫补奶比。
But leit beit jiaob but leit bid.

走进阎王的地方，走到阎王鬼地盘。
阎王高坐在大堂，脸色凶恶不敢看。
急忙跪倒在地上，三跪三拜拜起来。

十、走老君道君殿

1.

香娘剖列吉上会，

Xiangt niangb bout leib jib shangx huix,

仙妹剖列吉上猛，

Xiand meix bout leib jib shangx mengb.

列猛老君道君追，

Laib mengb laod jund daox jun zhuix,

列闹老君浪得猛。

Leib laox laox jund nangb deib mengb.

仙娘我们要赶路，仙女我们赶快走。

要去老君道君处，要往老君大殿游。

2.

几窝腊尼头，

Jid aot lab nib toub,

窝约见汉窝补恩。

Aot yod jianb hanx aot bud niongb.

窝扛刘竹浪棍苟，

Aot gangb liub zhub nangb giongt ged,

大戏到当勾猛用。

Dat xit daox dangx goud mengb yongt.

不烧便是纸，烧了变成坨坨银。

把门将军把钱收，守路把卡鬼共分。

3.

阿苟猛单老君堂，

Ab goud mengb dand laox jund tangb，

阿苟会送拜老君。

Ab goud huix songx baix laox jund.

拼汉格尼吉话让，

Pingd hanx gied neib jib huax rangb，

窝声朋汝求打绒。

Aot shongt pengx rux qiub dat rongb.

一起来到老君堂，一起都要拜老君。

吹起牛角震天响，吹这牛角遍地震。

4.

猛单老君道君见，

Mengb dand laod jund daox jund jianx，

猛送老君道君堂。

Mengb songx laod jund daox jund tangb.

猛乖猛度炯出排，

Mengb gweit mengb dux jiongx chub paib，

几岭吉穷同猛况。

Jid liongb jib qiongx tongt mengb kuangt.

得乖猛乖最埋慢，

Deit gweit mengb gweit ziux maib mand，

得军得纵休几羊。

Deit jund deit zongb xiud jib yangb.

标乖闹热嘎养板，

Bout gweit laot reb giad yangb band，

几爬吉从汝高场。

Jib pab jib congb rux gaob yangb.

来到老君道经殿，来到老君道君堂。
大官大员坐成排，披绿挂红真辉煌。
官厅热闹大非凡，挤天挤地好搞场。
衙门之内闹热天，熙熙攘攘鬼威场。

十一、走佛爷殿

1.

香娘干苟吉上会，

Xiangt niangb gand goud jib shangx huix，

香妹吉上干苟猛。

Xiangd meix jib shangx gand goud mengb.

阿从欧从召苟追，

Ad congb out congb zhaob goub zhuix，

阿得欧告寿几岭。

Ad deit out gaox shout jid jiongb.

列闹西天棍浪吹，

Leib laox xit tiant giongt nangb chiud，

列闹佛爷浪标翁。

Leib laox fuob yeb nangb boud wengd.

仙娘也要赶快去，仙女急忙随脚跟。

一层本是一层地，一处未完一处行。

要去西天走一回，要往佛爷地方寻。

2.

阿苟拢单西天冬，

Ab goud liongb dand xit tiant dongt，

求送西天吉克咱。

Qiux songx xit tiant jib kied zad.

几冬浪总抓灾松，
Jit dongt nangb zongb zhad zaid songd，
列将佛爷候几抓。
Leib jiangx fuob yeb houx jib zhax.

一起同走到西天，来到西天看得见。
凡间的人多灾难，要请佛爷救苦难。

3.

佛爷浪让齐汝达，
Fuob yeb nangb rangb qit rux dab，
佛爷得炯茶善善。
Fuob yeb deib jiongx cat shaid shaid.
内闹内钢休吉卡，
Neib laox neib gangb xiud jib kad，
得拔得浓休几产。
Deit biab deit niongx xiud jib chad.

佛爷地方好自在，佛爷住所好清静。
八大金刚两边排，男女弟子很虔诚。

4.

佛爷自尼麻没葡，
Fuob yeb zit nib mab meib bux，
吉卡打便匡林红。
Jib kad dat biat kuangt liongb hongx.
将内修松出麻汝，
Jiangb neib xiud songd chub mab rux，
尼总尖尖莎休松。
Nib zongb jianx jianx sad xiud songx.

佛爷就是有名人，持掌天庭宽得很。
教人修行要皈正，是人完全都修行。

十二、下凡阳

1.

扛喂阿偶得嘎冲，

Gangb weib ab oud deit giad chongx,

冲到得嘎窝见西。

Chongx daox deit giad aot jianb xid.

香娘列长冬豆炯，

Xiangt niangb leib changb dongt dout jiongx,

香妹列长几冬你。

Xiangd meix leib changb jid dongt nit.

送我一只小鸡拿，拿得小鸡烧灰来。

仙娘要来把凡下，仙女要转回阳间。

2.

阿勾长浪阿苟闹，

Ab goud changb liongb ab goud laox,

阿苟长闹猛冬豆。

Ab goud changb laox mengb dongt dout.

长单老君浪得照，

Chnangb dand laod jund nangb deib zhaox.

长送道君否浪标。

Changb songx daod jund wub nangb boud.

一路回去一路转，一起回转去凡尘。
回到老君道君寨，走过老君道君村。

3.

阿苟长单老君见，

Ab goud changb dand laod jund jianb，

列照老君殿长拢。

Leib zhaob laod jund diant changb liongb.

几炯列长阎王占，

Jib jiongx leib changb yuanb wangb zhaid，

列照阎王会长猛。

Leib zhaob yuanb wangb huix changb mengb.

一同回到老君殿，要从老君殿回转。
回转阎王大殿边，要从阎王殿回来。

4.

阿苟长拢阿苟闹，

Ab goud changb liongb ab goud laox，

阿苟列闹冬豆猛。

Ab goud leib laox dongt dout mengb.

长挂阎王浪苟报，

Changb guax yuanb wangb nangb goud baob，

会挂阎王板竹拢。

Huix guax yuanb wangb band zhub liongb.

一同下来一同转，一起下来回凡尘。
走过阎王的村寨，走出阎王的大门。

5.

得棍猛棍布竹吹，

Deit giongt mengb giongt bud zhub chiud，

欧告布吹布几开。

Out gaox bud chiud bud jid kait.
布当阿谷欧从吹，
Bux dangx ad guob out congb chiud.
扛剖长闹单凡干。
Gangb bout changb laox dand fanb gand.

大鬼小鬼开了门，左右两边都打开。
开了鬼门十二层，我们才好回凡间。

6.

阿苟会挂背苟茶，
Ab goud huix guax beit geb chab，
阿公会挂背苟孺。
Ad gongd huix guax beit ged rub.
长单吾穷娄几达，
Changb dand wut qiongx loub jib dab，
长送吾滚娄几穷。
Changb songx wut giongb loub jib qiongx.

一同走过山树坡，一起走过大山岭。
一起回到过红河，一同蹚过水溪行。

7.

纠得吾弄娄见昂，
Jiub deib wut niongd loub jianb angb，
纠得吾穷娄见夯。
Jiub deib wut qiongx loub jianb hangb.
号松炯昂嘎几洽，
Haox songd jiongx angb giad jib qiax，
炯照浪昂稳当当。
Jiongx zhaob nangb angb wengd dangb dangb.

九叉溪水汇成湖，九条溪河汇成泊。
小心坐船莫翻覆，稳坐船头莫翻波。

8.

几窝腊尼头，

Jid aot lab nib toub,

窝约见汉窝补恩。

Aot yod jianb hanx aot bud niongb.

窝扛八昂浪棍苟，

Aot gangb bad angb nangb giongt goud,

大戏到当勾猛用。

Dat xit daox dangx goud mengb yongx.

不烧是白纸，烧了成冥钱。

烧送撑船鬼领受，烧给摆渡鬼领来。

9.

阿苟炯挂得吾穷，

Ab goud jiongx guax deib wut qiongx,

阿公八挂吾弄冬。

Ab gongd bad guax wut nangb dongt.

长单灵官窝得炯，

Changb dand linb guand aot deib jiongx,

长送灵官浪号弄。

Changb songx linb guand nangb haox nongd.

一同渡过红河水，一起划过浑水湖。

回到灵官住的地，转到灵官的住处。

10.

几窝腊尼头，

Jib aot lab nib toub,

窝约见汉窝补恩。

Aot yod jianb hanx aot bud niongb.

窝扛灵官浪棍苟，

Aot gangb lin guand nangb giongt goud,

灵官到当将剖猛。

Lin guand daox dangx jiangb bout mengb.

不烧是草纸，烧了变冥钱。
烧送灵官让路走，灵官才把路让开。

11.

灵官休见周满意，

Linb guand xiud jianb zhoud mianb yix,

灵官休约刘苟恩。

Lin guand xiud yod liub gou niongb.

开通猛苟扛剖会，

Kaid tongt mengb goud gangb boub huix,

扛剖长闹冬豆猛。

Gangb boub changb laox dongt dout mengb.

灵官收钱很满意，灵官收下守路银。
让开大路我们去，好让我们转凡尘。

12.

几烔会挂灵官苟，

Jib jiongx huix guax lin guand goud,

会挂灵官浪得越。

Huix guax linb guand nangb dib yued.

长单绒崩浪几娄，

Changb dand rongb bengb nangb jib loub,

长送绒背浪窝得。

Changb songx rongb beid nangb aot deib.

一路走过灵官处，走过灵官守的场。
回到花园的道路，回到花园的地方。

13.

号几窝得列嘎会？

Haox jid aot deib leib giad huix?

窝求浪秋嘎标猛？

Aot qiub nangb quid giad boub mengb?

列猛楼滚棍浪追，

Leib mengb loub gunt giongt nangb zhiux,

列闹娄穷棍浪冬。

Leib laox loub qiongb giongt nangb dongt.

何处地方不要游？什么处所不要行？

要去阴州以西走，要往阳州一边奔。

14.

猛单娄滚棍浪追，

Mengb dand loub gunt giongt nangb zhiux,

会送娄穷棍浪得。

Huix songx loub qiongb giongt nangb deib.

邦便为为窝夯弟，

Bangx biax weib weib aot hangb deib,

弟夯弟共足崩内。

Deib hangb deib gongd zub bengb neib.

汉棍达加抄背雷，

Hanx giongt dab jiad chaod beid leib,

拿苟拿绒足加克。

Nab geb nab rongb zub jiad kied.

一同走到阴州地，阳州一县人心惊。

悬崖高悬不见底，陡壁刀切万丈深。

伤亡鬼尸成山堆，尸骨如山太吓人。

15.

滚向达加吉夏弄，

Gunt xiangt dab jiad jib xiax nongx,

滚向嘎爬足加你。

Gunt xiangt giad bax zub jiad nit.

片得记斩竹内红，

Piand deib jix zaid zub neib hongx，

克召汉弄莎休比。

Kie zhaob hanx nongd sad xiud bit.

猖鬼伤亡很悽惨，伤鬼亡魂很悽凉。

阴风惨惨心抖战，看到这些心悲伤。

16.

没约补肖见便穷，

Meib yod bud xiaot jianb biat qiongx，

没约窝味尼加起。

Meib yod bud xiaot jianb biat qiongx.

号弄窝得列嘎兄，

Haox nongb aot deib leib giad xiongd，

加得加达剖嘎你。

Jiad deib jia dab bout giad nit.

有了坏心才坏事，有了坏事才报应。

这个地方莫久留，伤亡地处赶快行。

17.

梅到得嘎冲召弄，

Meit daox deib giad chongx zhaob nongd，

窝扛见西得嘎才。

Aot gangb jianb xid deit giad caib.

仙妹剖列会长猛，

Xiand meix bout leib huix changb mengb，

仙女列长闹凡干。

Xiand nvd leib changb laox fanb gand.

取得小鸡在这里，烧送成灰小鸡熬。
仙妹大家要转去，仙女动脚下山腰。

18.

阿苟长猛阿苟闹，
Ab goud changb mengb ab goud laox，
阿苟长闹猛冬豆。
Ab goud changb laox mengb dongt dout.
长单纪流浪让袍，
Changb dand jit liub nangb rangb paob，
长送纪补板竹吼。
Changb songx jit bub band zhub hongx.

一同回来一同转，一起动脚回凡尘。
回到纪流楼门边，走到纪补大楼门。

19.

埋候布竹布上上，
Maib houx bud zhub bud shangx shangx，
吉上候布板竹开。
Jib shangx houx bud band zhub kaid.
炯从竹吹莎布当，
Jiongx congb zhub chiud sad bud dangx，
炯从吹当寿几台。
Jiongb congb chiud dangd shoux jid taib.

你把开门开得快，赶快打开左右门。
七进楼门都打开，七层门开快快行。

20.

香娘几怕棍浪让，
Xiangt niangb jid pab giongt nangb rangb，
仙妹会挂棍浪冬。

Xiand meix huix guax giongt nangb dongt.
剖列长闹冬豆夯，
Boub leib changb laox dongt dout hangd,
剖列长闹冬豆猛。
Boub leib changb laox dongt dout mengb.

仙娘离开鬼的寨，仙女走出鬼的村。
我们要转回凡间，我们回转下凡尘。

21.

大共用猛用吉上，
Dad gongb yongx mengb yongx jib shangx,
吉拢达共用长猛。
Jib liongb dad gongb yongx changb mengb.
用长冬豆扛纵夯，
Yongx changb dongt dout gangb zongb hangd,
长闹苟夯列扛充。
Changb laox goud hangb leib gangb chongx.

鹞子飞去飞得快，赶快飞夫飞转程。
飞下凡阳要到边，转到凡间要得清。

22.

几窝腊尼头，
Jid aot lab nib toud,
窝约见汉窝补恩。
Aot yod jianb hanx aot bud niongb.
窝扛达连送滚苟，
Aot gangb dad lianb songx guntgoud,
连滚到当苟猛用。
Lianb gunt daox dangx goud mengb yongx.

不烧是草纸，烧了变成银。
烧送神鹰来领受，神鹰得钱拿去分。

23.

刀候久弟那，

Daod beit jut dix lax,

弟那见约宝葫芦。

Dix lax jianb yod baod hub lub.

长单休归苟久八，

Changb dand xiud giut goud jiut bab,

休标长闹吉久图。

Xiud boub changb laox jib jiud tub.

葫芦不离藤，离藤就成宝葫芦。

回去收魂归本身，收魄回归自家屋。

24.

炯格炯昂炯如柔，

Jiongb gieb jiongx angb jiongx rux roub,

炯夯吉奶柔汝红。

Jiongb hangb jit leit roub rux hongx.

吾娄闹昂嘎让休，

Wut loub laox angb giad rad xut,

扛到标归油长拢。

Gangb daox boub giut youb changb liongb.

七湖七海七堆石，七谷七川红石岩。

水流下滩魂莫走，要让魂魄附身转。

25.

休标休召加录图，

Xiut boub xiut zhaob jiad lub tux,

休召录图求吉久。

Xiut zhaob lub tux qiub jid jiud.

休单自到标归汝，

Xiut dand zid daox boub giut ruxd,

休到标归长求久。
Xiut daox boub giut changb qiub jiud.

收魂收到千树叶，收到树叶丛树林。
一收魂魄就收得，收得魂魂附我身。

26.

休召巴代浪向这，
Xiut zhaob bad dait nangb xiangt zhex,
吉白巴代炉炉碗。
Jid baib bad dait lub lub wand.
休到标归汝且越，
Xiut daox boub giut rux qued yuex,
休到白久汝阿散。
Xiut daox baib jiud rux ad sait.

收到巴代蜡香碗，去翻巴代烧香炉。
收得魂魄回身转，收得魂魄把身附。

27.

阿苟长拢阿苟闹，
Ab goud changb liongb ab goud laox,
阿苟长闹阿苟单。
Ab goud changb laox ab goud dand.
长单窝得麻板潮，
Changb dand aot deib mab band zaox,
长送窝得香米碗。
Changb songx aot deib xiangt mid wand.

一起回来一起下，一起下来一起拢。
回到香米碗中大，转到香米碗升中。

28.

长单冬豆浪爬除，

Changb dand dongt dout nangb pab chud,

长送冬腊浪狗昂。

Changb songx dongt lab nangb goud angb.

奶格克咱莎充汝，

Leit giet kied zad sad congt rux,

到比到缪才抓抓。

Daot bid daot moub caib zhuab zhuab.

回到凡间闻猪叫，转到凡尘闻狗声。

眼睛看见清楚好，神志恢复头脑清。

29.

娘祝长闹绒大补，

Niangb zhub changb laox rongb dab bub,

娘苞长闹绒补豪。

Niangb paox changb laox rongb bub haot.

昂几没度亚长捕，

Niangb jit meib dux yax changb pud,

没萨充闹葡几告。

Meib sad congd laox pud jid gaob.

娘祝请回绒大补，娘苞回转绒补豪。

几时有话请再出，有歌再来请你跳。

30.

娘仙长猛闹达仇，

Niangb said changb mengb laox dad choub,

娘温长闹吾板扎。

Niangb wend changb laox wut banb zhab.

单昂没萨亚长油，

Dand niangb meib sad yax changb youb,

单昂没度亚长话。

Dand niangb meib dux yax changb huax.

娘仙请回去达仇，娘温回转吾板扎。

有歌再请你来就，有话再请你来耍。

31.

二妹长猛吾枫扎，

Erx meix changb mengb wut fengd zhab,

娘尼长闹流吾斩。

Niangb nib changb laox liub wut zaid.

没萨浪昂亚充长，

Meib sad nangb niangb yax congd changb,

没度浪昂亚充单。

Meib dux nangb niangb yax congd dand.

二妹回去吾枫扎，娘妮回转流吾斩。

有话再请你光降，有歌再请你到边。

32

香娘长闹得标提，

Xiangt niangb changb laox deib boud tib,

仙妹长闹得标头。

Xiand meix changb laox deit boud toub.

没萨亚长充背雷，

Meib say ax changb congd beit leib,

没度亚长充埋休。

Meib dux yax changb congd maib xiud.

仙娘回去布屋内，仙妹回转纸屋居。

有歌再请莫辞累，有话再请师父临。

33.

他弄喂够喂到汝，

Tax nongd weib ged weib daox rux,

大戏到汝闹苟娄。

Dat xit daox rux laox goud loub.

喂腊汝浪埋腊汝，

Weib lab rux nangb maib lab rux,

笔包发汝冬白走。

Bib baod fad rux dongt baib zoub.

今天我唱我得好，大家得好到永远。
我也好大家都好，发达岁旺满谷山。

后记

　　笔者在本家 32 代祖传的丰厚资料的基础上，通过 50 多年来对湖南、贵州、四川、湖北、重庆等五省市及周边各地苗族巴代文化资料挖掘、搜集、整理和译注，最终完成了这套《湘西苗族民间传统文化丛书》。

　　本套丛书共 7 大类 76 本 2500 多万字及 4000 余幅仪式彩图，这在学术界可谓鸿篇巨制。如此成就的取得，除了本宗本祖、本家本人、本师本徒、本亲本眷之人力、财力、物力的投入外，还离不开政界、学术界以及其他社会各界热爱苗族文化的仁人志士的大力支持。首先，要感谢湖南省民族宗教事务委员会、湘西州政府、湘西州人大、湘西州政协、湘西州文化旅游广电局、花垣县委、花垣县民族宗教事务和旅游文化广电新闻出版局、吉首大学历史文化学院、吉首大学音乐舞蹈学院、湖南省社科联等各级领导和有关工作人员的大力支持；其次，要感谢中南大学出版社积极申报国家出版基金，使本套丛书顺利出版；再次，要感谢整套丛书的苗文录入者石国慧、石国福先生以及龙银兰、王小丽、龙春燕、石金津女士；最后，还要感谢苗族文化研究者、爱好者的大力推崇。他们的支持与鼓励，将为苗族巴代文化迈入新时代打下牢固的基础、搭建良好的平台；他们的功绩，将铭刻于苗族文化发展的里程碑，将载入史册。《湘西苗族民间传统文化丛书》会记住他们，苗族文化阵营会记住他们，苗族的文明史会记住他们，苗族的子子孙孙也会永远记住他们。

浩浩宇宙，莽莽苍穹，茫茫大地，悠悠岁月，古往今来，曾有我者，一闪而过，何失何得？我们匆匆忙忙地从苍穹走来，还将促促急急地回到碧落去，当下只不过是到人世间这个驿站小驻一下。人生虽然只是一闪而过，但我们总该为这个驿站做点什么或留点什么，瞬间的灵光，留下这一丝丝印记，那是供人们记忆的，最后还是得从容地走，而且要走得自然、安详、果断和干脆，消失得无影无踪……

编　者

2020 年 11 月

图集

香案设置(周建华摄)

在香米碗上插利什钱(周建华摄)

香米上的阳钱和米升边的阴钱(周建华摄)

香娘焚香(周建华摄)

虔诚恭敬地插香（周建华摄）

烧纸钱（周建华摄）

在主家门外烧纸敬村祖土地神(周建华摄)

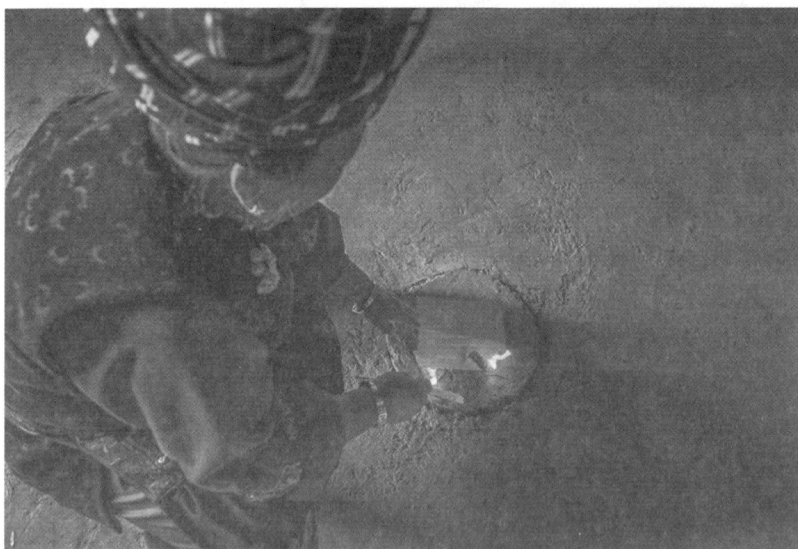

在主家堂屋龙穴上烧须敬龙神(周建华摄)

在主家火堂中柱边烧纸敬家祖（周建华摄）

一同帮揭松纸钱的老婆婆们（周建华摄）

在主家地楼一角烧纸敬元祖神（周建华摄）

扛仙唱古阴歌的炉火（周建华摄）

虔诚恭敬的老婆婆们（周建华摄）

烧纸请师（周建华摄）

烧纸照水碗（周建华摄）

开始唱古阴歌（周建华摄）

开始骑马(周建华摄)

烧纸的人抓米过数占卜(周建华摄)

认真地数米粒占卜（周建华摄）

开始催眠（周建华摄）

烧纸人配合(周建华摄)

烧纸敬奉祖师(周建华摄)

数米粒请师加持（周建华摄）

仙娘与烧纸人对话沟通（周建华摄）

唱古阴歌的场景（周建华摄）

神态朦胧的仙娘（周建华摄）

仙娘入神的状态(周建华摄)

在仪式中不断地烧纸(周建华摄)

将天堂的美景传递给凡人(周建华摄)

听歌的人(周建华摄)

唱诉天上阴魂的惦念（周建华摄）

阴魂附体而情不自禁（周建华摄）

扛仙中的神态（周建华摄）

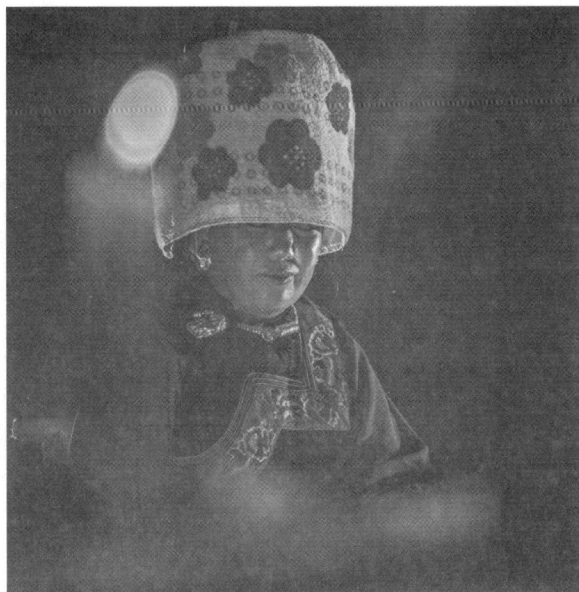

入迷的状态（周建华摄）

找到阴魂的气息(周建华摄)

代阴魂讲话传给凡间(周建华摄)

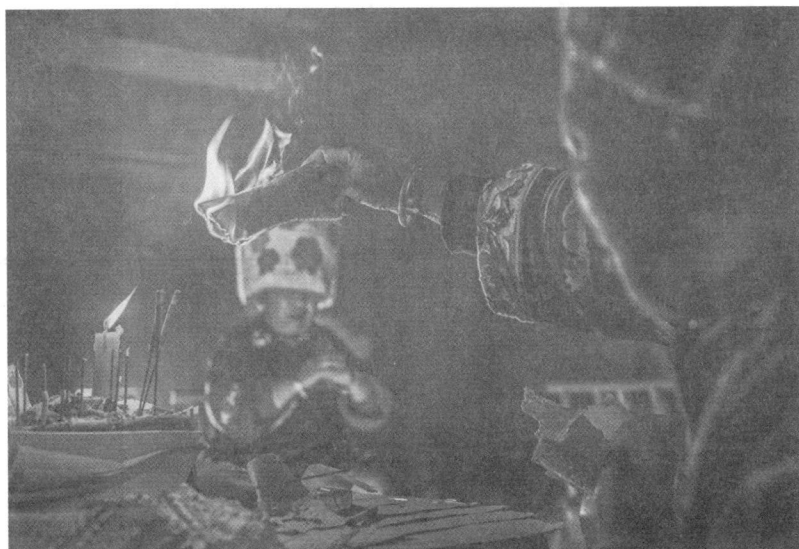

烧纸给阴魂领受（周建华摄）

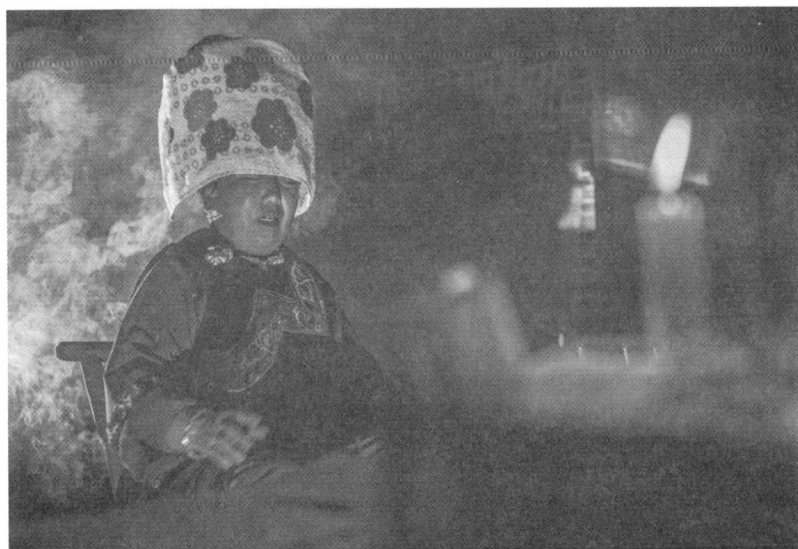

每当讲到伤心处便会哭泣（周建华摄）

与亡魂传递断肠事（周建华摄）

为了摆脱阴魂过度纠缠而用诀法隔开（周建华摄）

烧纸安抚亡灵（周建华摄）

上天驾马的形态（周建华摄）

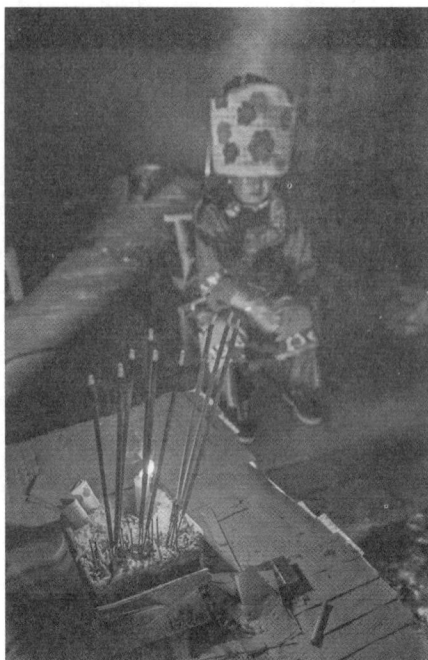

在天上用诀法护魂（周建华摄）

用鸡化成神马驮起仙娘下凡阳（周建华摄）

挽还阳诀返回阳间（周建华摄）

驾马还阳（周建华摄）

图书在版编目（CIP）数据

古阴歌／石寿贵编. —长沙：中南大学出版社，
2020.12

（湘西苗族民间传统文化丛书. 二）

ISBN 978 - 7 - 5487 - 3474 - 1

Ⅰ.①古… Ⅱ.①石… Ⅲ.①苗族－民歌－作品集－
中国－古代 Ⅳ.①I276.291.6

中国版本图书馆 CIP 数据核字（2020）第 217436 号

古阴歌
GUYINGE

石寿贵　编

□责任编辑　刘　莉
□责任印制　易红卫
□出版发行　中南大学出版社
　　　　　　社址：长沙市麓山南路　　　　　邮编：410083
　　　　　　发行科电话：0731 - 88876770　　传真：0731 - 88710482
□印　　装　湖南省众鑫印务有限公司

□开　　本　710 mm×1000 mm 1/16　　□印张 14.5　　□字数 338 千字　　□插页 2
□互联网＋图书　二维码内容　音频 2 小时 17 分钟 38 秒
□版　　次　2020 年 12 月第 1 版　　□2020 年 12 月第 1 次印刷
□书　　号　ISBN 978 - 7 - 5487 - 3474 - 1
□定　　价　145.00 元